沖縄の自己決定権

その歴史的根拠と近未来の展望

編著＝琉球新報社・新垣　毅

高文研

◆——もくじ

II　琉球王国――「処分」と「抵抗」

装丁＝商業デザインセンター・増田絵里

沖縄は、なぜいま、「自己決定権」を求めるのか

琉球新報社 代表取締役社長　富田詢一

名護《なご》市・辺野古《へのこ》の海を埋め立てての米海兵隊新基地建設をめぐって、問答無用で工事を強行する政府と、それを阻止しようとする県民の間で、一触即発ともいえる緊迫した状況が続いている。特に海上では敵意をむき出しにした海上保安官がカヌーや小船で抗議する人たちに罵声を浴びせながら襲いかかる光景が繰り返されている。

「粛々《しゅくしゅく》」という言葉を今は封印したが、菅義偉《すがよしひで》官房長官ら政府首脳は「法治国家だから法律に則して粛々と作業を進める」と言っていた。では「法律にさえ合っていれば何をやってもいいのか」と問いたい。

二〇一四年1月から続いてきた沖縄での選挙——名護市長選挙、名護市議会議員選挙、それから県知事選挙、そして衆議院の総選挙。これら四つの選挙で、名護市議会議員選挙を除いて、辺野古埋め立てを容認した人たちは全員負けた。圧倒的民意が示され新基地建設は否定された。確かに辺野古の

埋め立てに向けた作業は、法律に則しているかもしれない。しかし法律とは別に、民意というものもある。「法律に則しているのだから、文句を言うな」というが、そんな民主主義国家があり得るだろうか。

＊

日本国土の〇・六％しかない沖縄に、在日米軍専用施設の七三・八％が集中している。仮に普天間《ふてんま》飛行場を県内から撤去したとしても、七三・八が七三・四になるだけ、わずか〇・四％減少するにすぎない。沖縄の人たちは、県内の米軍基地すべてに反対しているわけではない。わずか〇・四％を返してと言っているに過ぎない。ささやかなものではないか。

安倍晋三首相や菅官房長官は、二言目には「抑止力の維持が大事」と言う。しかし、普天間を返したところで、沖縄にはまだ極東最大の空軍基地・嘉手納《かでな》飛行場があり、それから原潜が頻繁に出入りするホワイトビーチもあり、七三・四％も基地が残される。これだけあれば、抑止力としては十分だろう。それに、海兵隊は抑止力にならないという専門家も日米に多い。

＊

二〇一三年4月に菅義偉官房長官が来県し、琉球新報社を訪問された。そのさい私は、サンフランシスコ講和条約発効の日の4月28日に予定していた政府主催の式典について質問した。「天皇陛下もご臨席されますか」と。

そうしたら官房長官は「されます」と答えた。私は続いて「陛下からのお言葉はありますか」と聞いたら、「あります」と答えた。私は「それは酷《こく》じゃないですか」と申し上げた。

「今上《きんじょう》天皇は昭和天皇のご子息です。昭和天皇の時に、沖縄は米国の長期の租借《そしゃく》下に置かれ、講和条約を発効させて、本土だけが独立した。昭和天皇は、そのことに対する贖罪《しょくざい》意識というか、沖縄に対するすまなかったという思いをずっとお持ちでいた。それで、ご存命のうちに沖縄に来たいと願っておられたが、残念ながらそれはついに叶いませんでした。そういった思いを今上天皇は十分ご存じです。その陛下に、本土が沖縄を切り離した日を、主権回復の日としてお言葉を頂戴《ちょうだい》するのは酷じゃないですか」

と、このような趣旨のことを伝えた。そのとき、陪席《ばいせき》していた官房長官の随行員が飛んできて「お言葉はありません」と耳打ちした。

そんな程度の歴史認識や式典への知識で、主権回復のお祝いをした。子どもを里子《さとご》に出して、子どもはつらく苦しい思いをしているのに、その里子に出した日を、親が主権回復の日として祝う。毎年やる予定だったはずだが、沖縄県民の強い反発にあい、式典は一回きりである。

われわれは四三年前に、戦後のアメリカによる占領下で、父と頼り、母と慕った祖国に帰りたいと日本への復帰運動を展開して、ようやく祖国に帰ることができた。しかし、帰った祖国は、思い描いていた祖国ではなかった。

今、沖縄県民のささやかな願いについて「なぜ復帰運動なんかしたんだ。そのときに独立運動でもすればよかったじゃないか」という批判がある。甘受《かんじゅ》せざるを得ない。無知だったと言われても、認めざるを得ない。

しかし、戦後のアメリカ占領下の二七年というのは、米軍人が沖縄人を殺しても無罪になる、そういう人権がまったくないがしろにされてきた二七年であった。県民の願いは日本の平和憲法の下で人権を獲得したい、米軍基地も撤去してほしいと、それが運動の眼目、趣旨であった。

＊

オスプレイの強行配備、4・28「主権回復」式典、そして辺野古沖での工事強行、これら一連の政府による沖縄差別ともいえる行為について考えるとき、明治政府による「琉球処分」（琉球併合）に源流をたどらざるを得ない。

「琉球処分」の中身を見ていくと、琉球藩から沖縄県への〝廃藩置県《はいはんちけん》〟に際し、武力を用いて屈服させた手口、国王を「酋長《しゅうちょう》」呼ばわりした大臣など、驚くほど〝既視感《きしかん》〟がある。

石破《いしば》茂幹事長（当時）に呼び出された県選出の自民党衆院議員四人、参院議員一人の計五人が、普天間飛行場の県外移設という選挙公約を破棄して辺野古埋め立て容認へと変わった。石破幹事長の会見の席でうなだれて座る姿を忘れることはあるまい。二〇一三年11月のことだ。知事の容認へ向けた地ならしが済んだ。そして翌12月、仲井眞弘多《なかいまひろかず》知事も公約を破棄して埋め立てを承認した。

一連の出来事が明治政府に脅され、騙《だま》され続けた「琉球処分」に重なって見える。

知事の埋め立て承認後のある日、本社からほど近い那覇市泊《とまり》の外人墓地を訪れた。「ペルリ提督上陸之地」の石碑を見ていて、翌年の二〇一四年が琉米修好条約締結から一六〇年の節目に当たることが分かった。

琉球王国は当時、主権国家として米国を皮切りにフランス、オランダとも修好条約を結んだ。明治政府に対しては無力だったが、欧米の大国を相手に主権国家として外交術を駆使して条約締結を引き延ばすことなど駆け引きにも長けていた。

当時を振り返り、検証することを通して、県民の気概、尊厳を見つめ直し、沖縄の未来を展望しようというのが、本書のもととなった大型連載を始めたきっかけである。

＊

沖縄はいま、これまでにない大きな歴史的転換期を迎えている。

転換点となった出来事の一つは二〇一三年1月28日の「建白書」提出だ。建白書は、米軍普天間飛行場の県内移設断念と米海兵隊のMV22オスプレイの配備撤回を求めたもので、沖縄県内41市町村すべての首長、議会議長、県議会議長らが署名し、首相官邸で安倍晋三首相に手渡した。

「沖縄の総意」を示した歴史的行動だったが、政府側は〝無視〟したまま、今日に至る。東京でデモをした代表たちは、一部国民による「売国奴」などのプラカードで迎えられ、罵声《ばせい》を浴びせられた。

こうした状況を見ると、沖縄は日本の民主主義制度を享受できない地域なのかという思いを禁じ得ない。このような形で訴えを打ち砕かれたら、沖縄の人々はいったいどうすれば自分たちの未来を担保できるのか――。沖縄では、そんな疑問が広がっている。

二〇万人余が犠牲になった沖縄戦や、長期にわたり基地被害を経験してきた沖縄の人々が、子や孫に〝負の遺産〟を残したくないという強い思いから、いま行動を起こしつつあるのが自己決定権の行使だ。

沖縄が日本に「復帰」して二〇一五年で四三年になった。基地被害は続き、戦争や紛争が起きれば標的にされる負担は変わらない。基地機能はむしろ強化され、新基地建設が強行されている。

1　総合　1版

琉球新報
THE RYUKYU SHIMPO
第37822号
2014年（平成26年）5月1日 木曜日 ［旧4月3日・赤口］
発行所 琉球新報社

きょうの紙面
総合 2 県税徴収率、全国上回る
経済 5 連載「消費増税1カ月」
スポーツ 20 伊佐氏が最優秀コーチ
社会 27 連載「共犯と標的と」
総合 3 取り調べ可視化に大幅例外
経済 4 牛肉関税20%前後へ
総合 7 ウクライナ安定へ日独連携
告別式の案内 13

光文堂コミュニケーションズ(株)
http://www.kobundo.net

条約「主権の証し」

道標《しるべ》求めて
琉米条約160年　主権を問う
〈1〉

プロローグ

不平等も抵抗の切り札に

3面に続く
14、15面に特集

今もペリー艦隊の足跡を残す「泊外人墓地」。一角にはペリー上陸の記念碑が建っている（写真奥）＝那覇市泊

第1部　激震

米国統治下で沖縄の人々が目指した「平和憲法下への復帰」とは何だったのか——。「自己決定権」への希《き》求《きゅう》は、この反復されてきた問いの行き着いた願いでもある。

沖縄の民意が一顧だにされない状況の危機感から、どう沖縄の明るい将来展望を切り開くかを模索するため、連載「道標《しるべ》求めて—琉米条約160年　主権を問う」を始めた（二〇一四年5月1日開始）。取材・執筆は新垣毅編集委員が担当した。連載は開始直後から反響が大きく、読者の励ましの声にも支えられ二〇一五年2月15日まで、100回を数える長期連載となった。

本書はその100回の連載をまとめたものである。

一人でも多くの人に本書を手に取っていただき、沖縄がどのような歴史を背負っており、なぜいま自己決定権を求めているのか、またいま沖縄が、「万国津梁《ばんこくしんりょう》」（万国交流の架け橋になる）をモットーとした琉球王国時代の理念をよみがえらせ、「アジアの交流拠点」となることを目指している、その思いと決意を読み取っていただけることを心から願っている。

■「自己決定権」について

一般的には「自分の生き方や生活について自由に決定する権利」をいうが、国際法では、国際人権規約（自由権規約、社会権規約）の各第1部第1条で定めた「人民の自己決定権」(right of people to self-determination) などを指す。

この人民の自己決定権には内的側面と外的側面がある。内的側面というのは、既存国家の枠内で、人民が自らの政治的、経済的、社会的、文化的発展を自由に追求することが保障されることを指す。自治権の意味合いに近い。

一方、外的側面というのは、既存国家から独立する権利を指す。内的自決権の行使が著しく阻害される状況は、さまざまな人権が侵害され続ける事態とも捉えられるため、それを救済するための「分離権」ともいえる。

国際法学者の阿部浩己氏（神奈川大学教授）によると、この自己決定権は今や国際人権規約の射程を超え、国際法の基本原則の一つになっており　いかなる逸脱も許さない「強行規範」(jus cogens) と捉える見解も有力だという。

ただ、その権利主体である「人民」には、一義的定義はなく、エスニック・アイデンティティー、共通の歴史的伝統、文化的同質性、言語的一体性、領域的結び付きなど一定の客観的指標が求められるが、最も重要なのは「その集団の自己認識」だという。

この意味で、沖縄の人々はその定義に当てはまる多くの要素を持っている。ウチナーンチュ（沖縄人）という自己認識（アイデンティティー）が強く、加えて米軍基地の集中という現在の差別的状況、琉球王国という歴史的経験、固有性の強い伝統芸能や慣習、しまくとぅば（琉球諸語）という言語的一体性、琉球諸島という領域的結び付きもある。

■琉球王国の「官職」について

国王を補佐する最高の行政ポストが摂政《せっせい》（1人）、その下に三司官《さんしかん》（3人）がいた。三司官の下には各部局の長官・次官クラスで構成する表《おもて》15人がおり、さまざまの問題を協議した。上級士族は主に親方《うぇーかた》と親雲上《ぺーちん》に分かれていた。

■執筆に当たって

Ⅰ章とⅡ章は、琉米修好条約締結から「琉球処分」前後の状況を研究した論文・文献・資料（本書241ページ以降の「参考文献」に掲載）を基に、専門家への取材を加え、現在の視点から重要とみられる素材を取捨選択して構成した。

Ⅲ章以降、文中の登場人物の年齢と肩書き・職業などは、新聞掲載時のもの。また年月日については、歴史叙述においても新暦で表記している。

I

琉球の「開国」

ペリー全権大使が来琉時に琉球王府官員に述べた文が刻まれた記念碑＝那覇市泊

Ⅰ章関連＝略年表		
西暦	年号	事　　項
1825	文政 8	2 月、幕府による「異国船打払い令」
1837	天保 8	6 月、米商船、浦賀に来航、浦賀奉行これを砲撃
1840	〃 11	アヘン戦争、本格化
1842	〃 13	幕府、「異国船打払い令」を撤回
1844	弘化 1	仏軍艦、那覇に寄港し、宣教師 2 人を送り込む
1846	〃 3	英艦、来航、ベッテルハイムを送り込む
1851	嘉永 4	土佐の漁民ジョン・万次郎ら、米船に送られ、琉球に上陸
1853	〃 6	**5 月、ペリー率いる米東インド艦隊、那覇に入港。** 6 月、海兵隊 200 人と共に首里城を強行訪問。7 月、ペリー艦隊、浦賀に来航、大統領国書を渡して翌年の回答を約し、江戸湾を測量して琉球に戻る、のち香港へ
1854	安政 1	1 月、ペリー艦隊、那覇に集結して日本へ。3 月、日米和親条約締結。**6 月、ボード事件**（米兵による最初の暴行事件）。7 月、ペリー、那覇に戻り、**琉米修好条約締結**
1855	〃 2	11 月、**琉仏修好条約締結**
1858	〃 5	4 月、日米修好通商条約に調印
1859	〃 6	7 月、**琉蘭修好条約締結**
1862	文久 2	6 月、牧志朝忠に薩摩送還命令、朝忠入水自殺。8 月、生麦事件起こる
1872	明治 5	9 月、明治政府、米仏蘭 3 国との条約を外務省の所管とすると太政官布告
1873	〃 6	**3 月、政府、3 国との条約原本の提出を命令**
1874	〃 7	琉球、3 国との条約原本を外務省に提出

1　ペリー来航と琉球

＊最初の米兵暴行事件

那覇《なは》市泊《とまり》北岸と県立泊高校の間に、十字架や西洋風の墓石を緑が囲む小さな墓地がある。古くは一七一八年の埋葬者を含む381人（判明分）の外国人が眠る「泊外人墓地」（通称・ウランダ墓）だ。一九八七年、那覇市の指定文化財に指定された。

入り口の門から離れた奥まった場所に行くと、樹木の根のすぐそばに埋め込まれた約50センチ四方の石板と出合う。表面は、部分的に風化の跡があるが、文字ははっきり確認できる。

「ウイリアム・ボード　合衆国　海軍　没1854」

米国のマシュー・ペリー艦隊が琉球を訪れた際の乗組員の水兵だ。後に「ボード事件」と呼ばれる出来事の当事者でもある。それは、約160年前の琉球王国で起きた、今日の沖縄の状況を予兆する大事件だった。

一八五四年6月12日。米兵3人が那覇の町を歩き回り、やがて民家から酒を盗み酔っぱらった。うち2

今もペリー部隊の足跡を残す「泊外人墓地」。一角にはペリー上陸の記念碑が建っている（写真奥）＝那覇市泊

人は道端で寝込んだが、残りの1人、ボードは塀を越えて民家に侵入、ナイフで女性を脅し、強姦《ごうかん》した。女性の叫び声を聞いた男性住民らが駆けつけてボードに石を投げつけ追い払った。ボードは逃走中に海に落ちて溺《おぼ》れ死ぬ。

ペリー艦隊は那覇の港に停泊しており、水兵たちは退屈をまぎらすためか、時折空砲《くうほう》を撃ち、その轟音《ごうおん》に、町は騒然となり、首里《しゅり》や那覇では高齢者、子ども、女性らが田舎へ避難する騒ぎとなった。ハーリーなど伝統行事も中止された。水兵の規律はペリーが嘆くほど乱れ、トラブルが絶えず、酒に酔って町をうろつき、民家に侵入するなどの事件が多発した。女性の乳房をつかんで気絶させたり、市場で物を盗んだりする事件が後を絶たなかった。

ボード事件の約1カ月後、琉球王国は米国と琉米修好条約を結ぶ。その交渉過程で、締結を嫌がる琉球側に対し、米国側ペリーは、事件を不平等条約を迫る材料にした。事件をきっかけに、ペリーは自国の兵士が殺害されたことを強調し、締結を強く迫った。一方、琉球側は琉球の女性が暴行された事実を重く見て「女性への乱暴禁止項目」を条約の第四条に加えさせたり、西洋諸国全体との通交を記す文言を削除させたりするなど、弱い立場ながらも一定の主体性を発揮する。

条約の第五条には、以前から設けられていた「泊外人墓地」をきちんと管理することもうたわれた。その約束の下でボードは手厚く埋葬される。墓地は当時を物語る、県内で数少ないペリーの足跡だ。ボードのほか、航海中に亡くなった4人の兵士も眠る。ボードの墓石の反対側には、高さ約3メートルにも及ぶ「ペルリ提督上陸之地」と刻まれた記念碑がそびえ立つ。

当時の米大統領から与えられたペリーの任務は「鎖国」日本の開国だった。ペリーは遣日《けんにち》全権大使と東インド派遣艦隊の司令官の任を命じられる。外国使節に軍人が任命されたのは米国では異例のことだったが、そのわけは、7年前に通商を求めて米政府が派遣した2隻の船が、江戸湾には入ったものの上陸さえ

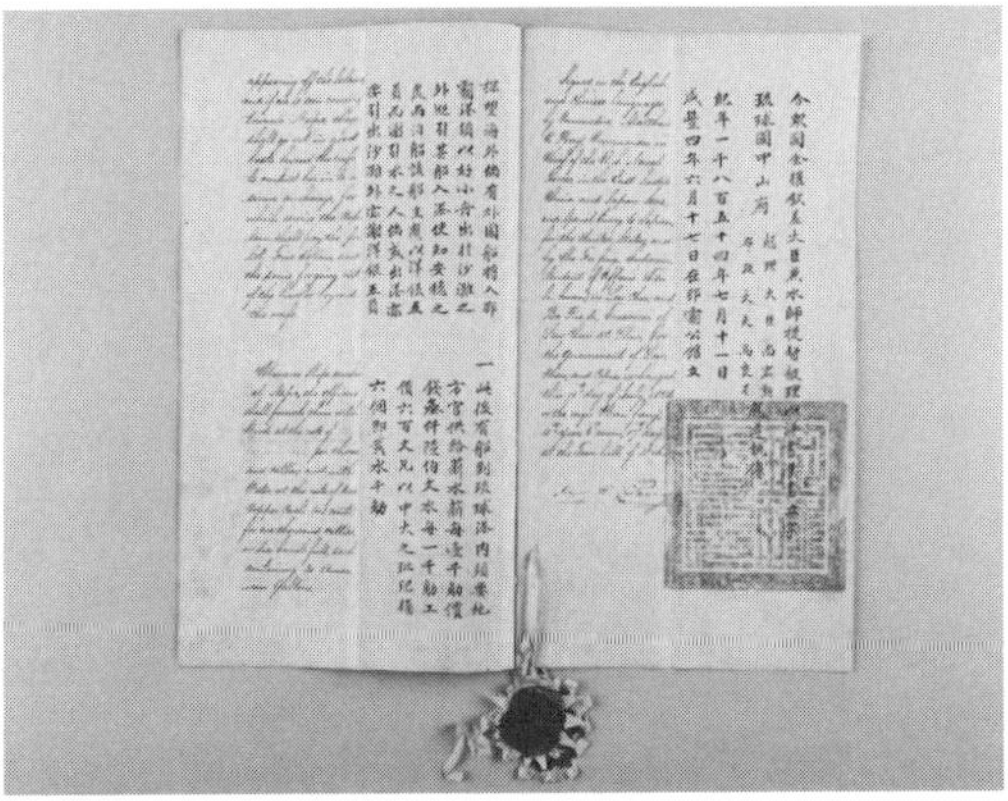

1854年7月11日に、琉球王国と米国との間で結ばれた琉米修好条約（外務省外交史料館提供）

ウィリアム・ボードの墓＝那覇市泊の「泊外人墓地」（俗称・ウランダ墓）

琉米修好条約全文（和訳）

合衆国と琉球王国間の条約、1854年7月11日、大琉球国那覇において調印。

一、今後、合衆国人民が琉球に来る時は、常に大いなる好意と友好をもって遇すること。米人が必要とする物品は、役人であれ住民であれ琉球が供給できるものであれば、米人に販売すること。また、琉球官憲は住民に対して何らの禁止的な規制を設けないこと。さらに、琉米双方で購買したいと望む品物は、何であれ、適正価格で取引すること。

一、合衆国の船舶が琉球のいかなる港に寄る際には、いつでも薪、水を適正価格で供給すること。ただし、その船がその他の物品を欲する場合には、那覇でのみ購入することができること。

一、合衆国の船が、大琉球島または琉球王国政府の管轄下にある島々において難破した時は、その他の官憲は人員を派遣して生命財産の救助を手伝わせ、合衆国船が来て救助された者全員を連れ去るまで、難破船から陸上に引き上げることができた物を保管すること。そして、これらふびんな人々の救助に要した費用は、同人らが属する国家が支弁すること。

一、合衆国船舶の乗組員が琉球に上陸する時は何時でも、妨害を

許されず、幕府によって追い返されたことがあったためだった。ペリーの一行は初めから日本を威圧するための艦隊だった。

ペリー艦隊は、10隻のうち2隻は当時世界最大の外輪式蒸気船の軍艦（2千トン超）で、艦隊の総員1985人、大砲は大小128門あり、最新鋭の装備を備えた大艦隊だった。琉球を日本との交渉の前進基地として利用した。

ペリーは米船舶への薪や水の提供、米国の領事裁判権を認めることなどを盛り込んだ琉米修好条約の締結を要求した。琉球はその要求に応じたら、同様の不平等条約の締結を他の国からも要求されるのを心配し、締結を嫌がっていたが、幕府が日米和親条約を締結した3カ月後の五四年7月11日、威圧に屈し、ついに締結に至る。

受けず、また役人をつかわして尾行させたり、または乗組員を監視させたりせず、自由に遊行させること。ただし彼らが暴力的に民家に押し入ったり、婦女にたわむれたり、人民に強制的に物を売らせたり、その他類似の不法行為を犯した際には、地方官憲の手で逮捕すること。ただし虐待してはならず、彼らが所属する船の船長に報告し、彼に処罰させること。

一、泊村に合衆国市民の埋葬地があるが、同地にある彼らの墳墓を破損しないこと。

一、琉球国政府は熟練した水先案内人を任命し、琉球島の沖合に現れる船舶を見張りさせること。もしその船が那覇へ向かって来るのを認めたら、案内人はその船を安全な停泊地に導くため良い船艇でもって暗礁の外まで出迎えること。この労役に対して、その船の船長は水先案内人に5ドルを支払い、また港から暗礁の外に出る時も同様にすること。

一、船舶が那覇に停泊する時はいつでも、地方官憲は薪1千斤につき銅銭3600文でその船に供給すること。また水千斤につき銅銭600文でこれを供給すること。

合衆国全権欽差大臣兼水師提督　被里（ペリーの漢訳名）
琉球国中山府総理大臣　尚宏勲、布政大夫　馬良才
紀年1854年7月11日、咸豊4年6月17日在那覇公館立
（照屋善彦氏訳　高良倉吉／玉城朋彦編『ペリーと大琉球』琉球放送より）

＊琉球王国の「平和外交」策

実は、ペリー来航前にも、多くの西洋列強の船が開国を迫って琉球にやって来ていた。

「泊村での歓迎は実に素晴らしかった。（琉球の役人たちは私を）常にきょうだいとして、友人として待遇すると誓った」

幕府の了承の下で薩摩《さつま》の支配下にあった琉球には、江戸幕府のキリスト教の禁制が及んでいた。一八四四年から約2年間、琉球に滞在したフランスのフォルカード神父はキリスト教の禁制が及ぶ地域に初めて長期滞在した宣教師だった。フォルカードの存在は当時、幕府にとっても大事件だった。しかし琉球の役人は友好的な態度で接したため、フォルカードは、日記にこう記したのだ。

神父を乗せてきたフランス軍艦のデュプラン艦長は琉球に通交・布教・貿易を求めた。

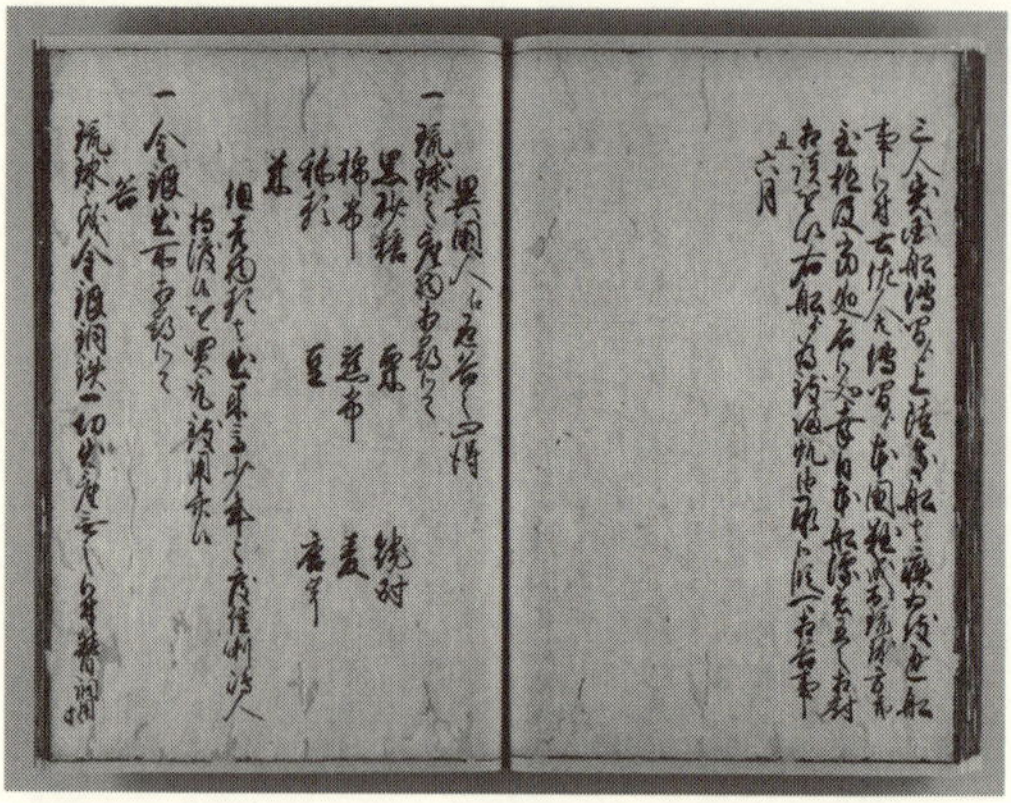

「異国人への返答の心得」（琉球大学附属図書館所蔵　宮良殿内文庫）

これを琉球側は厚くもてなした上で、「琉球は貧しい小国」「清国の許可なく外国と交易できない」とやんわり断った。フランス艦隊は肝心な要求への確約を得られないまま、神父だけを残して琉球を去った。

神父にいてほしくないという本音とは裏腹に、琉球の役人が彼らを「歓迎」し、「友人」を誓ったのには切実な理由があった。

大きな力を持つ国に占領されず、身を守るには「徹底した平和外交しかない」との考えが、琉球には長年存在した。友好的に話し合った上で、異国船が必要とする品々は無償で与えて、対立を避けてきた。

その「平和外交」を支え続けた秘策が、王府《おうふ》にはあった。異国人から琉球の事情をあれこれ聞かれた場合の具体的回答マニュアル「異国人への返答の心得《こころえ》」だ。中国に気付かれないよう、西欧人の目からも薩摩との主従関係を隠す一方で、琉球への野心を萎《な》えさせるため徹底して「貧乏な国」を印象付けるという方策だった。

「産物は」と聞かれたら、「黒砂糖、アワなどで、しかも出来高は少ない」「金、銀、銅、鉄は一切出ない」という具合で、内容は中国や日本との貿易、王府の内部事情など多岐にわたる。

この秘策は、異国船への対応で数々の成果を挙げた。琉球は友好的態度で好印象を残させた上に、琉球側の意思を尊重させて要求を断念させたり、あるいは先送りさせたりすることに成功したのである。琉球は列強の〝武力〟外交に対し〝知恵〟で対抗したのだ。

異国船の来航はアヘン戦争から4年後の一八四四年以降、急増する。幕府や薩摩《さつま》から対外的に「異国」とされ、独自の対応を迫られた王府は、一八世紀からあった「心得」を四八年にあらためて作り直し、〝秘策〟の強化を図る。首里、那覇、久米村、泊では各学校所に住民を集めて読み聞かせ、妻子にも順守させた。

一方、列強は交易や布教などの難題を、より強く迫るようになる。王府は、それには即答せず回答を引き延ばし、暗に拒否する態度を粘り強く示し、ことごとく諦めさせる外交戦術を徹底した。

ペリーに対しても王府はこの手法で応じた。知恵をしぼった必死の交渉に手こずったペリーは、ついに武力による威嚇《いかく》に出る。日記にこう書いている。「彼らの一段と巧妙な出方に対し、少しヤンキー流の駆け引きを持ち出してやろうと前から覚悟していた」

＊幕府の琉球「捨て石」策

「今、即刻決断しなければ、徳川の天下を失いかねない」。一八四四年にフランスのフォルカード、四六年にはイギリスのベッテルハイムと、英仏両国の宣教師が続いて琉球にやって来て、しかも「長期不法滞在」している事態に、鎖国政策でキリスト教を厳しく禁じていた江戸幕府のいらだちが募っていた。

四〇年のアヘン戦争で英国に敗れ、列強の圧力に屈していく中国の状況が、もはや対岸の火事ではなく同様の危機が日本にも迫っている――。幕府首脳は、宣教師はその列強侵攻の〝布石〟と見て、未曽有の対外危機と受け止めていた。

四六年7月13日、幕府に発言力を持つ水戸藩の徳川斉昭《なりあき》は幕府に書簡を送り、対応策を提案した。「私が幕府の4人の閣老の1人だったら薩摩に命令し、即刻琉球を日本へ併合する」

2週間後、斉昭はフランスが琉球を占領する可能性があるとの情報を入手した。老中の阿部正弘へ書簡を送り、危機感を最大限にあおって対応を迫った。

「万が一、琉球がフランスに奪われても、日本から援軍を送り決戦することで、フランス人にも多数の死傷者を出す事態になれば、フランス人どもは小さな琉球を占領するのにさえ、これだけの血を流さなければならないのだから、日本を占領するには何十倍もの犠牲を覚悟しなければならないと考え、日本攻撃を当分差し控えるだろう」

提案は、フランスの軍事的脅威から日本を守るために琉球を「捨て石」にする作戦だった。

一方、琉球を支配する薩摩藩は、フランスとの戦争を避けるために琉球の開国を黙認する方策を取るよう幕府に説得した。その方策の基は、藩主・島津斉興《なりおき》の側近・五代秀尭《ごだいひでたか》が作った「琉球秘策」だ。いろいろと検討した結果、琉球は「隣国」と位置付けて、日本から切り離し、開国を黙認することにした。

結局、幕府首脳は、リスクの高い斉昭の決戦論を退け、薩摩藩の説得を受け入れて対応を薩摩に一任した。その方針は、日本への開国要求を回避するために琉球王国を明確に日本から切り離し、琉球と仏英との修好・貿易（開国）を黙認することで、外圧を琉球で押しとどめる策だった。

さらに、薩摩の策には裏があった。琉球の開国は避けられないと判断していた薩摩は、先手を打って主

マシュー・カルブレイス・ペリー（写真集『那覇百年の歩み』より）

那覇港沖に停泊するペリー艦隊（那覇市歴史博物館提供）

導的に開国させ、薩摩藩の外国貿易の拠点として利用する構想をひそかに練っていたのだ。

＊牧志朝忠　〝知恵の外交〟

琉米条約締結の1年前のことだ。

一八五三年5月23日、ペリー艦隊が上海から琉球へ出航した日の晩は「満月」だった。ペリーは船橋で満月を眺めながら、琉球占領を想定した策略を脳裏に描いていた。その海路では戦闘準備に必要な演習を入念に実施した。3日後、世界最大の黒い蒸気船が那覇港に姿を現す。

「海岸に米国人用の家を調達したい」。那覇港に入ったペリー艦隊は最初の折衝で、琉球側にこう求めた。世界最大の軍艦を筆頭に、数百人の海兵隊を擁する大艦隊の要求だ。しかしその時、気後れすることなくきっぱり「ノー」と答えた琉球の役人がいた。当時36歳の通事（通訳）で、英語と中国語を駆使して異国人との交渉の現場を仕切っていた牧志朝忠《まきしちょうちゅう》だ。

異国船への対応で活躍した通事はこれまでにもいた。一八一六年にバジル・ホールを乗せた英国船が来航した際に真栄《まえ》平房昭《ひらぼうしょう》と安仁屋政輔《あにやせいほ》は熱心に英語を学び、西洋人が驚く速

牧志朝忠（那覇市歴史博物館提供）

ペリー来航当時の「那覇の長官」。臨時の官職「地方官」で、那覇の里主（さとぬし）が務めた（那覇市歴史博物館提供）

さで習得している。彼ら通事が命懸けで交渉することにより、列強の脅威から琉球を守る防波堤になっていたのである。牧志は安仁屋から英語を学んだ。後に、ペリーの通訳ウイリアムズは牧志の印象について「彼の活躍は面目躍如で、才気のほどを示していた。……質問ぶりは見事な機転を見せていた」と書き残している。王府と薩摩はこうした牧志の活躍を高く評価し、異例の褒賞を与えている。

ペリー一行が来航すると、牧志はペリーらに英語でこう話す。

「ワシントン（初代米大統領）はとても偉い高官だ。琉球人はアメリカ人の良き友人だ。欲しい物はすべて与えるが、海岸に家を持つことはできない」

異国船と琉球との交渉は通常、中国語通事を通して行われた。だがこの時、牧志は米国の歴史や地理だけではなく、ワシントンの性格や実績についての知識を披露し、ペリーを驚かせた。

その後も無理難題を押し付けるペリーに対し、最初は中国語を駆使して、毅然とした態度で臨む。まもなく中国語通訳との交渉では、らちが明かないと判断すると、突然英語に切り替えてペリーに直接訴え、ペリーを驚かせた。英語と中国語で、持てる知識をフル活用し、堂々と渡り合ったのだ。

牧志の交渉力の結果、ペリーは思い通り要求を通すことができなかった。米側にとって300人の船員を乗せる蒸気船の石炭消費量は大きく、那覇滞在中も中国から石炭を調達した船が何度も往復していた。石炭を備蓄する大型の貯蔵庫が必要だった。ところが貯蔵庫はペリーが希望した規模より縮小させられ、瓦ぶきのはずが、わらぶきになった。また貯蔵庫はペリー側の所有物にはならず、琉球側が所有して、米側が借りる形になった。

ペリー艦隊の一行が那覇沖に到着した当初から琉球の役人らは通訳を伴い、船に乗って艦船を訪問し、交渉術を発揮した。国籍や寄港目的などを聞き出すためだ。やりとりはこうだ。

ペリー「琉球と条約を結びたいので、しかるべき相手と交渉したい」

役人「自分らには権限がないので、地方官と協議してほしい」

ペリー「地方官に会いたいから時間を取ってほしい」

役人「持ち帰って地方官に都合を聞いた上で返事するので、少し時間がほしい」

数日後、ペリーは「地方官との面会はどうなっているか」と問い合わせる。すると「地方官は病気がちでなかなか時間が取れない」という答え。ペリーはいらだつ。怒りが爆発しそうになったとき、面会は実現した。だが地方官は「こうした難しい問題は上司の布政官に相談する必要がある」と言う。

また数日後、返事を催促したペリーに、地方官は「布政官は忙しいので指示が来ていない」と答える。焦り始め、しつこく返事を求めるペリーに、琉球側は「布政官では判断できないので、その上の総理官の意見を聞いているところだ」。

ペリーが気づかなかった臨時の王府

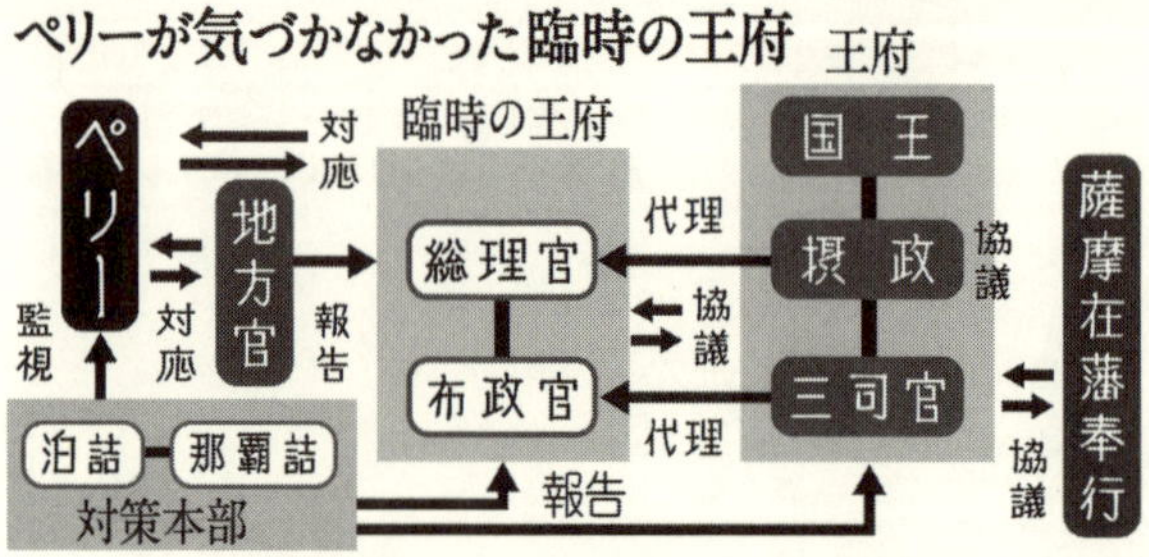

※『沖縄県史ビジュアル版』近世①県教育委員会を基に作成

これら琉球側の応答は、ペリーに限らず、異国船が来航し、交易や布教などの難題を要求してきた際の対応策に基づいていた。政策責任者になかなか会わせない口実の数々は、時間を稼ぐのが狙いだ。その上、ここで出てくる「布政官」「総理官」は王府の常設機関にはない臨時のポストだった。

琉球王府は一八四四年以降、急増した異国船への対応で、異国人と交渉する臨時の官職を常設し、そのポストに按司《あじ》や親方《うぇーかた》を当てていた。これにより、王府首脳は交渉のテーブルに着く必要はなく、難題を突き付けられ、その場で窮地に追い込まれることはない。臨時の官員による時間稼ぎにより、首脳は列強の要求をじっくり検討し、最善の対応策を見いだす時間を確保できたのである。

王府組織には、王を補佐する行政最高ポストの摂政《せっせい》1人、その下に三司官《さんしかん》3人がいた。臨時の官員はこれに対応する形で、摂政を「総理官」、三司官を「布政官」としていた。しかし現場の交渉は市長に当たる那覇里主《さとぬし》が「地方官」として担った。

王府は異国船の来航が急増すると、「異国人への返答の心得」で臨時官職名や弁明の習得を、役人だけでなく住民らにも徹底させた。

臨時の官員による〝時間稼ぎ外交〟は列強への対応で威力を発揮した。琉球の交渉術を入念に事前調査し警戒していたペリーでさえ、繰り出される役職が臨時のポストであることは最後まで見抜けず「王府を代表する官員」として接した。この仕掛けにはまた、琉球に8年間滞在した英国宣教師ベッテルハイムも気づかなかったのだった。

＊ペリー、首里城に乗り込む

「王城を訪問する。これはもう決めたことだ」。艦船を訪れた琉球王府「総理官」の摩文仁按司《まぶにあじ》朝健《ちょうけん》に対し、ペリーはこう告げ、石炭貯蔵庫の建設や家屋貸借など数々の〝難題〟を突き付けた。さらに「私を全権使節として、それ相応の待遇と尊敬をするように」と要求した。

王府は異国人の首里城訪問を避け続けてきた。ペリーの要求に、摩文仁按司は驚きを隠せず、琉球の一行は皆、悲愴感を漂わせ、重苦しい表情で船を去った。ペリーを諦めさせようと、琉球側はごちそうを用意して那覇での面談を求めたり、「太后が病気」と言ったりして入城阻止を図った。だがペリーはことごとく拒否した。そしてついに実力行使に乗り出す。交渉を有利に進めるため、威嚇が必要と考えていたのだ。

6月6日午前10時、那覇の泊。礼装の琉球役人や数百人の住民が見守る中、武装した130人の海兵隊員が蒸気船からボートに乗って上陸、隊列が整うと行軍を始めた。先頭は星条旗を翻《ひるがえ》した二門の大砲、それに23人の軍楽隊と、海兵隊の隊列が続く。その後ろから、4人の中国人クーリー（労働者）がかつぐ、ペリーが乗った飾り立てた駕籠《かご》が悠然と進んでいった。総勢210人の示威行進だった。崇元寺《そうげんじ》前から首里に向かう、鳴り物入りの異国人行列を見ようと、人々が沿道に群がった。女性は恐れて姿を隠した。

首里城を訪問するペリー提督一行（那覇市歴史博物館提供）

首里城の門前では三司官の一人、座喜味親方盛普が入城拒絶を主張したが、楽隊の音が高鳴り、迫ってくる隊列に恐れをなして門が開けられた。ペリーは国王の出席を求めたが、琉球の高官は幼少を理由にやんわりと断った。王府側は入城後、大美御殿で12品の料理を出してもてなした。席上、ペリーは王のために祝杯を挙げ、「琉球人と米国人の末永い友好を」と希望を述べた。ペリー艦隊隊員の1人、J・W・スポールディングは帰国後の五五年、ペリーが祝杯を挙げた時の様子をこう振り返っている。

「琉球の要人たちはこの趣旨（友好への希望）に相当な敬意で応じていた。しかし私には、琉球の人たちが、いつの日か米国が自立孤高の（琉球の）国策を侵害しかねない、そのことに一歩近づく端緒になるのではないかと案じているように思われた」

6月23日、石炭貯蔵庫建設などをめぐる交渉で、琉球代表の役人はペリーの要求を断り、許しを請うた。するとペリーは席を蹴り、去り際に「あす正午までに満足す

首里城内で琉球王府の高官らと対談するペリー提督の部隊（那覇市歴史博物館提供）

る返事をもらえなかったら、２００人の兵で王城を占領する」と言い放った。王府はこの強硬な態度に屈し、要求をのんでしまう。

2　列強各国・中国・日本と琉球

＊列強に狙われた琉球

一八五〇年代から六〇年代にかけて、列強各国、日本、それに中国も絡んで、極東は複雑な国際関係の中にあった。その乱流の中を、琉球は必死に生き抜こうとする。

「肺に水はない」「胃にアルコールはない」

医師で宣教師のベッテルハイムは、ペリー部隊の水兵、ウイリアム・ボードの死体を解剖し、ペリーにこう報告した。琉球の女性を暴行し、住民に投石されながら追わ

ベッテルハイムの居住跡＝那覇市の護国寺の境内

れ、海に落ちて溺れ死んだとされるボードは「酒に酔っていた」「溺れ死んだ」とする琉球側の説明に疑問を投げかけたのだ。

ベッテルハイムはキリスト教布教のため琉球を訪れてすでに8年、王府の監視下で成果を挙げられず不満を募らせていた。薩摩《さつま》藩の支配下にあって日本と同様キリスト教を禁じていた琉球にとって、宣教師の上陸は大事件だった。王府は監視役に尾行させて動向を見張ったり、住民との接触を避けたりするなど細心の注意を払い、布教を阻止した。

異国人への対応が王国を揺るがす深刻な問題に発展したのは、ペリー来琉の10年前の四四年4月28日、宣教師フォルカードがフランスの軍艦に乗って来てからだ。フランスのセシーユ提督は琉球を日本開国の重要な前進基地と見なし、開国の交渉に備えて日本語通訳を養成しようと宣教師を派遣したのだ。フォルカードは王府にこう告げる。

「貴国は産物は多くないが、中国、日本の中間に位置しているので商船の中継基地として都合がよい。このため、イギリス人が貴国を第二のシンガポールにするため奪い取る計画がある」

そしてその計画を妨げる方法も勧《すす》めた。「イギリスに奪われる前にフランスが領有することだ」

中国がイギリスに敗北した一八四〇年のアヘン戦争以降、東アジアの伝統的秩序を維持してきた中国の力が低下する。これに伴い、西欧列強によるアジア進出が活発になった。四二年前半にはイギリス艦船とみられる異国船が琉球諸島の各地に押し寄せ、生鮮食料を要求したり強奪したりした。イギリス艦船は琉球諸島をその行動範囲に組み入れ、フランスもそれに対抗した。

後に米国、ロシアも競って琉球をうかがう。四四年～五九年にかけて異国船は実に延べ70回以上来琉し、探査・測量などを繰り返した。琉球は東アジアの利権獲得に向けた「要石《かなめいし》」として「砲艦外交」を展開する列強の野望にさらされた。

ペリーは日本に着く半年前、米本国の海軍長官への書簡にこう記していた。「琉球諸島の主要な港をわが国の戦艦への便宜のため、またあらゆる国々の商船の避難港とするため占拠することは最も厳正な道徳律によって正当であり、緊急性の原則の上でも考慮されるべきだ」

＊琉球は「独立国」とペリー認定

一八五三年7月8日、「黒船」・ペリー艦隊が江戸湾の玄関口・浦賀《うらが》に姿を現した。幕府はこれまでは交渉窓口の長崎への回航を指示して要求をそらしてきたが、ついに直接的な対応を迫られるに至った。開国要求への対応とあわせて、琉球との関係をどう説明するかが、幕府にとって不可避の課題として浮上した。

このときは具体的交渉を翌年に先送りすることで済んだが、老中・阿部正弘は翌年のペリー再来に備え、琉球の「所属」を聞かれた場合の回答案を複数の関係部署に諮問した。前述のように、一六〇九年の薩摩

琉球王国時代、国王の代替わりのたびに中国から冊封使がやってきて、新しい国王を冊封（認証）した。そのさいの冊封儀式が再現された時の様子。首里城内、左方の地面にすわっているのが琉球国王、右の高い位置にいるのが冊封使（2014 年 11 月 1 日撮影、首里城公園提供）

の侵攻以来、琉球は薩摩の支配下にある。しかし中国との進貢《しんこう》（朝貢《ちょうこう》）貿易の果実を確保しておくためには、中国に対しては、琉球は独立国であり、その国王は中国皇帝によって冊封《さっぽう》（認証）される関係にあることを続ける必要があった。いわゆる「日中両属」の状態にあるが、ここで、もし日本は琉球との関係はないとすると、アメリカに琉球を取られてしまうかもしれない。そこで琉球との関係をしっかり主張したいが、いい考えはないか――という趣旨だった。

外交担当の、林《はやし》復斎《ふくさい》大学頭《だいがくのかみ》と筒井《つつい》肥前守《ぜんのかみ》政憲《まさのり》はこう上申する。「琉球にとって中国は父、日本は母のような存在だから、あえて言えば中国の属国というしかない」

もちろんこれにはすぐに幕府内から異論が出た。薩摩は琉球に貢租《こうそ》を納めさせている。その石高《こくだか》を書かせた帳簿、郷帳《ごうちょう》もあるのだから「日本に属しているのは明らかだ」「両属と言うしかない」などだ。薩摩に問い合わせるべきだとの指摘もあった。

幕府、薩摩は、先述のような理由から薩摩と琉球の主従関係を対外的に隠蔽《いんぺい》する政策を取ってきた。幕府はその隠蔽策を放棄し、公然と「日本の属国」と主張したかった。しかし、薩摩藩は従来の立場を変更する意思はなく、隠蔽策の継続を望んだ。

結局、幕府は「ほどよく示談に持っていくしかない」との結論しか出せず、曖昧《あいまい》なままその日を迎えることになる。

五四年2月4日、ペリー艦隊が再び江戸湾に入り、3月15日から日米和親条約の交渉が始まった。この開国交渉のため江戸に向かう前に琉球を再訪したペリーは、重大な決心のもとワシントンの海軍長官に対しこう通告していた。

「日本政府が要求を拒否したら、米市民に対する屈辱と損害への補償という理由で、日本帝国の属領である大琉球島をアメリカ国旗の保護・管理下に置く」

開国拒否の場合の〝損害補償〟として、琉球を占領する意思を正式に表明したのだ。

ペリーが江戸へ発って1週間後、プチャーチン提督率いるロシア軍艦が2隻相次いで来琉した。必要品の購入を求めたが、琉球側はやんわり断った。那覇の聖現寺《せいげんじ》に残っていた米国士官はプチャーチンを訪れ、書簡を手渡した。

「日本が米国の要求を拒否したら、琉球を米国の支配下に置くので、他国は琉球に手出しをしないよう要請する」

事実上の警告だった。数日後、ロシア艦は去る。

ペリーが琉球占領を唱えたのは、ロシアやフランス、イギリスなどの列強諸国による琉球占領の企図に先手を打つ狙いがあったとみられる。彼は太平洋の拠点確保を使命と捉え、日本遠征を列強との覇権争いの一環と見なしていた。日本と開国の交渉をする一方で、琉球・小笠原諸島に艦隊の補給港を確保し、さらに台湾北部にも石炭積み出し港や海軍基地の設置を計画していた。琉球については中国との交易で必要不可欠と確信していたのだった。

ペリーは今回の幕府との交渉の場で、開港候補地に那覇を含む条約草案を示した。これに対し幕府は「琉球は甚《はなは》だ遠隔の国で、この地の港を開くことはわれわれの論議し得ないところだ」と回答、琉球の所属について明言を避けた。

これに対しペリーは、「米国人が琉球と自由に交通してはいけない十分な理由はない」と強調した。つまり琉球王国を日本とは別の一独立国と判断する、と通告したのだ。3月、ペリーは日米和親条約の締結に成功、その条約では下田《しもだ》、函館《はこだて》の二港が開港地に指定され琉球は除かれた。代わりにペリーは7月、琉球王国と琉米修好条約を結んだ。

＊薩摩による「安政の琉球処分」

一八五五年11月24日、琉球はフランスとも米国とほぼ同様の条約を結ぶ。フランスのゲラン提督から234人の武装兵をもって調印を迫られたのだ。フランス側は土地住宅買い入れや領事・商人の駐留を要求した。これに対し琉球側が回答の延期を請うと、ゲランは激高し、兵士に交渉会場を包囲させ、琉球の代表者を庭に引きずり出して、サーベルを突き付け、無理やり条約に署名させたのだった。

ゲランはこう述べる。「小国が兵を持つとかえって災いを招くもとになる。今まで通りでいい。兵器のない女同然の琉球がいい」

当時はクリミア戦争の最中で、英仏はトルコに加担、英仏艦隊は黒海の外でもロシア艦隊と追撃戦を繰り広げていた。ゲランは対ロシア作戦で、琉球を軍事的寄港地として機能させたかったのである。

オランダもまた五九年、イギリス、フランスなどに対抗する極東での利権拡大に向け、交易港確保を目的に琉球と同様の条約を結ぶ。それに先立ち、幕府はオランダに対し、「琉球は日本に従う国だが、もとより外国なので、条約締結の可否は指示できない」と伝え、「琉球は外国」であることをいっそう鮮明に明示した。琉球と外国の間に紛争が起きた場合、幕府が許可した条約となれば、幕府も紛争に巻き込まれる——との意見が幕府内で主流を占めたからだった。

異国人が滞在した天久聖現寺の庭（那覇市歴史博物館提供）

こうして琉球を切り離し、列強による外圧の脅威を琉球に押し付ける——という四〇年代からの幕府の態度が、より明確に対外的に表明された。

列強の開国の意図を秘めた来琉が相次ぐ中、内容は不平等であっても、米・仏・蘭各国と条約を結ぶことで、琉球は東アジアの一独立国として認知され、植民地化の危機を差し当たり回避で

那覇を進軍するゲラン提督（ラブ・オーシュリ、上原正稔編著『青い目が見た「大琉球」』ニライ社より）

きた。

一八五七（安政４）年10月、薩摩藩主の島津斉彬《なりあきら》から密命を受けた腹心・市来《いちき》四郎は琉球へ到着するとすぐに、王子、摂政、三司官ら王府の幹部を宿舎に呼び付け、こう伝えた。

「我が藩は、琉球でオランダやフランスと貿易を始める。フランスからは蒸気船や軍艦、新式武器を買う」

琉球に交易・通商を迫る列強の動きを利用することで、藩の利益拡大の機会をうかがってきた薩摩は、オランダが「琉米修好条約と同様の条約を琉球と締結したい」と求めてきたことをきっかけに、ついに極秘の策略を実行に移したのだ。琉球を隠れみのに外国貿易を展開し、藩を強化する構想だった。

琉球の幹部らは驚愕《きょうがく》し、動揺した。要求には王府の人事への介入も含まれていた。

「三司官の座喜味《ざきみ》親方《うぇーかた》を更迭《こうてつ》する」

薩摩は座喜味親方を抵抗勢力と見なしており、その排除を命じたのだ。市来はさらに、清への進貢船《しんこうせん》を増やし、福州《ふくしゅう》琉球館を拡張、薩摩人が貿易に直接参入することなどを要求した。

同席した幹部らはうろたえながら「国王へ報告し、じっくり検討したい」と申し出て回答を避けた。ところが同席者のうち、恩河《おんが》親方と牧志《まきし》朝忠《ちょうちゅう》は薩摩の要求に理解を示した。

島津斉彬からの密命などが書かれている市来四郎日記の表紙（鹿児島県歴史資料センター黎明館蔵）

薩摩藩の藩主・島津斉彬は琉球の協力を取り付けるために、貢糖《こうとう》制（貢米の代わりに砂糖を代納する制度）を廃止して琉球側が砂糖を財源として掌握できるように配慮する一方、恩河、牧志の2人を説得して策略実現のための協力者に組み入れた。

通事（通訳）として欧米人と接触し、海外事情に通じていた牧志は、王府の従来のやり方ではいずれ欧米人に屈服せざるを得ず、中国さえもアヘン戦争に見られるような劣勢の中、小国の琉球は薩摩の威光に頼るしかないと判断したのだった。琉球国存続の手段として「日本専属」となることを選択したのだ。

琉球王府は、軍艦購入など大半の要求を受諾するところまで追い込まれたが、福州琉球館への薩摩商人の参入など三項目は固く拒んだ。だが市来は許さず、斉彬の「厳命」を強調して迫ったため、琉球側はついに全面受諾した。

市来は牧志と共に琉球滞在中のフランス人宣教師と蒸気船購入交渉に入り、購入契約書を交わすまでに至る。

座喜味親方の更迭も実行され、後任選挙では、最下位得票者が斉彬の意を受けて三司官に就任した。

ところが一八五八（安政5）年、斉彬がコレラで急死する。これで事態は一変した。反斉彬派が政権を握った薩摩藩は、政策を従前に戻すと琉球に伝えたのだ。琉球はフランスとの蒸気船購入契約を破棄、王府内も座喜味派が巻き返し、恩河や牧志らを処罰する。後に「恩河・牧志事件」と呼ばれる一連の出来事は、人事にまで及んだ薩摩の露骨な内政干渉が招いたもので、「安政の琉球処分」とも称される。

＊「冊封・朝貢」の危機

「牧志・恩河事件」の裁判が続いていた五九年8月、まだ17歳だった尚泰王《しょうたいおう》は国相《こくしょう》（摂政）の尚惇を呼び寄せ、こう伝えた。――「近年、反逆的な徒党が利己心に駆られて人心を惑わし、謀反《むほん》を企てているとの風聞がある。深く憂い、痛恨している」

尚泰は六項目の教条で「忠誠を尽くせ」を繰り返した。薩摩の内政干渉により、王府内部の亀裂が深刻化していたからだった。低下した国王への求心力の回復が急務だった。若くして王位についた尚泰は中国（清国）からまだ冊封《さっぽう》を受けていなかった。このように冊封が何年も遅れているのは異例のことで、対外的には尚泰はいまだ国王世子《せいし》（皇太子）という不安定な地位にあった。

列強の貿易・開国要求や、外国貿易拡大をもくろむ薩摩の圧力に抵抗するためにも、琉球は中国との関係を前面に押し出す必要があった。中国との冊封・朝貢の関係は、朝貢国にとって外交安全保障システムの役割も果たしてきていたからだ。

一六〇九年の薩摩侵攻以来、琉球は薩摩の支配を受ける一方、中国との冊封・朝貢関係を続けることで、薩摩にも利益をもたらす二重の主従関係にあった。琉球と中国の伝統的な関係は薩摩にとっても大きな経済的メリットをもたらしたから、琉球にとっては王権維持の担保となり、薩摩の支配を限定的にする役割を果たした。中国との外交はいわば王権維持の〝命綱〟だった。

ところが当時、国際的な激動の中で中国への2年に1回の進貢は大きな困難に陥っていた。一八五〇年代に入ると、中国では大規模な内乱（太平天国の乱）に加え第二次アヘン戦争が起き、進貢使節団の北京への道が危険にさらされ、ルート変更など旅程を大きく狂わされた。六〇、六二年には北京に到達できず中途で引き返すという異例の事態が生じ、琉中関係は未曽有《みぞう》の危機に直面していた。進貢・冊封の必要性が高まる中、中国から根拠のない情報が琉球にもたらされた。

「英国人が日本と琉球を騒乱しているため、琉球は日本と手を組んでロシアへ渡り、砲術などの武術を学んで、英国への報復を計画している」

このようなデマの払拭《ふっしょく》も急がれた。琉球の使節は中国の混乱に巻き込まれるリスクを覚悟して北京への進貢を敢行し、尚泰王冊封は一八六六年にようやく実現する。これでやっと中国との関係は持ち直し、王国の維持は当面保証されたように見えた。

しかし、英国をはじめとする列強の外圧により中国の地位そのものが低下する中で、冊封・朝貢関係による安全保障の効力は低

福州・北京間における琉球使節の進京ルート

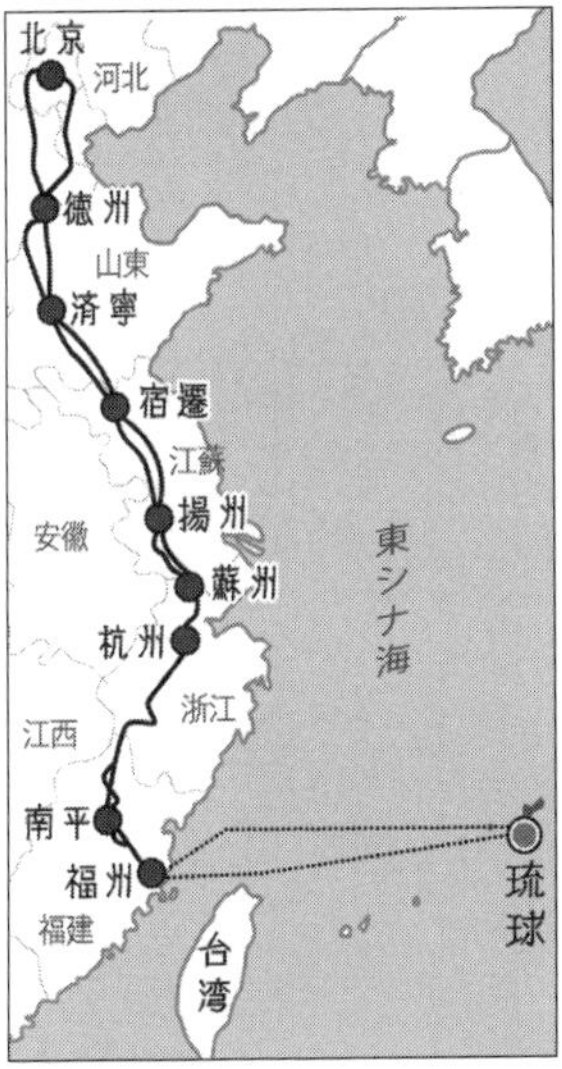

※沖縄県文化振興会公文書管理部資料編集室編「沖縄県史　各論4　近世」より

下する一方だった。加えて、多大な冊封費用は王府の財政を圧迫し、王権基盤の弱体化を招いた。

＊生麦事件と「薩摩琉球国」

一八六二年9月14日、武蔵国の生麦村《なまむぎ》（現神奈川県）で、薩摩藩の島津久光《ひさみつ》の行列に乗馬した英国人が立ちふさがり無礼を働いたとして、薩摩藩士が英国人3人を殺傷した。いわゆる生麦事件だ。

事件後、駐日英国代理公使ニールは薩摩への報復を検討する。ニールが薩摩と琉球の関係について調べ始めたため、公使ら外交関係者の間に「英国が報復のため琉球を占領する」との観測が一気に広まった。薩摩への報復を支援する姿勢を見せていた駐日フランス公使のベルクールとも情報を交換していた。処罰を迫った英国側に対し幕府は「薩摩に対し処罰の命令はできない」と答えた。これについてニールはベルクールに手紙を送る。

「日本南部の大名がどれだけ有力で、どれだけ領地を持っているか疑問だ。政治的関心の要点は、薩摩がどの程度まで直接的に琉球の主権に関わるような支配を実行しているかだ」

さらに「琉球が薩摩の従属国か、中国の支配下か、曖昧《あいまい》でよく分からない」とも書いた。ペリー来航以来、幕府の曖昧な態度が琉球の主権の存在を不明確にしており、琉球を占領するにせよ、幕府に問い合わせる必要があるとした。

ニールの問い合わせに幕府はこう返答した。琉球は一六〇九年に「松平薩摩守家久《いえひさ》に与えて以来、今に至るまで同家が諸事管理している。一方で中国から冊封を受けている」。

ここに幕府は、中国および薩摩と琉球との二重の主従関係を初めて対外的に明らかにしたのである。同時に、幕府としては琉球の支配には直接関わりはないと表明した。ニールはこれを本国に伝え、ベルクールに対しては「琉球の従属は、日本の一部というより薩摩藩主個人の持ち物として考えられている」と皮肉った。

幕府の真意を知る史料は見つかっていないが、ベルクールは幕府の思惑をこう分析している。「幕府は、(日本)帝国から遠く離れている国へ、日本の平和を乱すかもしれない嵐を向かわせることができたことを、他の大名やみかどに対し誇るだろう」

生麦事件によって生じた英国との緊張が、日本との全面戦争に向かわず、琉球への攻撃という局所的な紛争で済めば、幕府にとって好都合との見方だ。

事件は結局、英国艦隊が鹿児島・錦江《きんこう》湾に乗り込んでの薩英戦争となり、鹿児島市内を焼失させた上、幕府と薩摩藩からの賠償金の支払いをもって終わる。

パリ万博で用いられた「薩摩琉球国」と書かれた勲章(尚古集成館提供)

一方、琉球は、薩摩侵攻以来取ってきた、薩摩との関係の隠蔽《いんぺい》策が通用しなくなり、その後、新たな対応を迫られた。

一八六二年の生麦事件をきっかけとする薩琉関係の暴露は、その後の薩摩の動きにも影響を与える。薩摩の島津氏は六七年のパリ万博で、琉球国王として参加するが、その際、「薩摩琉球国」の5文字を配した勲章を作り、フランス皇帝や高官らに贈った。パリに到着した幕府の派遣団はこれを見て驚き「琉球は薩摩の属国であり、独立した国ではない」とフランスに主張した。

薩摩は、琉球との関係を隠蔽する政策を放棄するや否や、琉球王府には何の断りもないまま、藩の力を対外的にアピールする材料として琉球王国を利用したのだった。

II

琉球王国
「処分」と「抵抗」

首里城正門「歓会門（かんかいもん）」の前に
並ぶ明治政府軍の兵士（日本カメラ博物館提供）

Ⅱ章関連＝略年表		
西暦	明治	事　項
1871	4	7月、廃藩置県の詔書、日清修好条規調印
1872	5	**9月、琉球国王尚泰を藩王として華族に加え、那覇に置かれた薩摩の在番奉行所を外務省出張所とする**
1874	7	5月、台湾出兵（12月、撤兵開始） 10月、琉球、清国に進貢船を派遣（2隻、180人） 10月末、台湾事件についての日清交渉妥結
1875	8	**7月、松田道之「処分官」、首里城に入るが政府の要求は琉球の抵抗にあい難航する**
1877	10	12月、神戸に入港した清国の初代駐日公使・何如璋に対し、琉球の三司官の一人・与那原親方が国王の密書を渡す
1878	11	9月、何公使、明治政府の対琉政策に抗議 11月、松田道之、伊藤博文に「琉球処分」案を提出、松田の2度目の琉球出張が決まる
1879	12	1月、松田、首里城で琉球への政府通達を示し、返答期限を切る。琉球、返答を拒否、松田、帰郷 **3月、松田、武装警官160人余、鎮台兵400人を引き連れて3度目の来琉。「処分」を断行、首里城明け渡し**を迫る 8月、士族・役人の抵抗の激化に対し、日本官憲が100人余を拷問にかける
1880	13	11月、林世功、琉球分割条約案に抗議して自決
1912	45	先島を除き沖縄で第1回衆院選挙（本土より22年遅れ）、先島を含む完全施行は1919年

1　「処分」の起源とその過程

*「琉球国」を「琉球藩」へ

「九州に視察員を派遣すべきだ」——日本で起きている明治維新の波が遅かれ早かれ琉球にも及ぶことを察して危機感を抱いた琉球国の津波古《つはこ》親方《うぇーかた》政正《せいせい》は、王府にこう提唱した。

津波古親方政正（那覇市歴史博物館提供）

一八六九（明治2）年の版籍奉還《はんせきほうかん》、七一（明治4）年の廃藩置県《はいはんちけん》を受け、翌七二年1月、鹿児島県の官員、奈良原幸五郎《ならはらこうごろう》（奈良原繁《しげる》）ら3人は琉球を訪れ、日本の変革を伝えた。

「琉球は表向きは中国に支配されているが、現実には薩摩の支配下にある」——こう切り出した奈良原らは王府の摂政《せっせい》と三司官《さんしかん》に対し、薩摩藩との関係をそのまま鹿児島県との関係に置き換え、琉球の政体は変革しないと告げた。その上で列強が中国に入り込んでいる現状を挙げ「よく

琉球の「処分」を建議した井上馨
（国立国会図書館ＨＰより）

よく考えるように」と言って、一同を驚かせた。ただしその代わりに、琉球が島津氏に滞納していた租税3万石と負債5万円（現在の20〜25億円）は免除するとした。

琉球側は免除を喜び、一六〇九年の薩摩侵攻の際に薩摩の領土にされた奄美《あまみ》五島の琉球への返還さえ期待した。津波古親方の「視察員派遣」の提案は、この歓喜ムードに押され、かき消された。しかし、この琉球の懐柔策を携えた鹿児島官員の第一回派遣こそが、琉球併合の予兆となる。

約4カ月後の一八七二年5月30日、東京。太政大臣、左大臣、右大臣と、数人の参議で構成する、当時の最高政治機関・正院《せいいん》に、省庁の中で大きな影響力をもつ大蔵省の大輔《だいゆう》（現在の事務次官級）、井上馨《かおる》は建議を提出した。

「かの国（琉球）は南海中に起伏している島で、一方の要塞《ようさい》だ。清《しん》（中国）との関係が曖昧《あいまい》なまま数百年過ぎたが、維新の今日においてはこのままではいけない。皇国の規模を拡張する措置があってもいい。ただしその際、威力で奪う行為はよくない。よってかの酋長《しゅうちょう》（王）を近いうちに招き、不臣（不忠不義の臣）の罪を厳しくとがめ、その後に版籍を収めるのがいい」

琉球国王を「酋長」と蔑称《べっしょう》で呼び、軍事の観点から琉球国を「要塞」と位置付け「皇国の規模拡張」を目指す内容だった。天皇と関係のない琉球に、併合の理由として「不忠不義の罪」を一方的にでっち上げる提案だった。琉球と中国の関係を絶ち、日本が琉球を専有する併合論、この提案が「琉球処分」論議の起点となる。

この建議を受けた正院は、琉球の「処分」という言葉を初めて用い、立法の府・左院《さいん》にその方策を諮問《しもん》する。

左院の回答は、琉球の日中「両属」を公認する現状維持論だった。しかしその一方で、日琉関係の隠蔽《いんぺい》策を放棄して、琉球を外務省の管轄《かんかつ》とする方針や、琉球への番兵派遣も提起した。外務省はこの時、琉球の外国との国交を「私交」と見なし、その停止も上申した。「処分」が動きだした。

副島種臣《そえじまたねおみ》外務卿《きょう》は機密文書を太政《だじょう》大臣に提出する。それは左院と同様に「日中両属」を容認しつつも、天皇が尚泰《しょうたい》王を王として承認（〝疑似冊封《ぎじさっぽう》〟）して「華族」として遇し、琉球と「外国との私交」をやめさせる策だった。最終的には副島案が採用された。

一八七二年9月14日午後1時、皇居。明治維新に伴う「王政一新」を祝う慶賀使《けいがし》派遣の朝命（天皇の命令）を受けた琉球の伊江《いえ》王子朝直《ちょうちょく》ら使節3人が明治天皇の前に立った。

最後の琉球国王・尚泰王

まず正面の玉座《ぎょくざ》に天皇が座った。太政大臣、外務卿が天皇の前に立ち、そばに各省の長官らが並ぶ。使節3人は膝を折り、あいさつ文と献上品目録を提出した。天皇が礼を述べた後、副島種臣外務卿が詔《みことのり》を代読した。
「尚泰を琉球藩王となし、華族に列す」

維新慶賀使の一行（那覇市歴史博物館提供）

3人は困惑した。琉球側は今回の儀式について「何かある」と察して政府の意図を警戒していた。しかし財政破綻《はたん》に直面し、政府の便宜《べんぎ》により20万円（現在の約100億円に相当）の融資を受けざるを得なかったため、強い態度に出られなかった。あいさつ文の主語も、原文では「琉球国中山《ちゅうざん》王尚泰」だったが、外務省によって「国王」の身分は省かれ「琉球尚泰」に書き換えられた。

一方的、しかも抜き打ち的に、国王から藩王に格下げされたのだ。この時期、琉球国を廃し琉球藩を置く旨の文字は、詔にも、政府の法令などにも、一切ない。もちろん、これまで琉球王が冊封を受けてきた中国をはじめとする諸外国にも通告されなかった。

「琉球国」の主権を「琉球藩」の名の下に覆《おお》い隠す、巧妙な演出だった。政府の狙いは、これまで薩摩の支配下にあり、天皇とは無縁だった琉球を、天皇との君臣関係へと新たに設定し直すことだった。この関係が後に「琉球処分」の「大義名分」にされ、併合への大きな布石となる。

ただこの時点で琉球は、全国の藩とは異なり、外務省が管轄する地域だったため、国際的にも、琉球内部でも、王国の廃止とは受け止められなかった。

この一連の演出を主導したのは、副島外務卿だ。東京滞在中の琉球使節が奄美大島など五島の鹿児島からの返還と貢ぎ物の軽減を求めたのに対し、副島は前向きに返答して喜ばせた。その後も、琉球の代表を喜ばせる発言を何度もする一方、約束を守らず抜き打ち的に併合施策を次々と繰り出す。副島は晩年「(使節たちは尚泰〝冊封〟を)よほど拒んだが、とうとう承服させた」と振り返っている。

使節一行は帰国後、併合策が明らかになるにつれ、琉球内で批判を浴び、引責する。尚泰は後に、英国の新聞記者の取材に、こう答えている。

「使節は冊封(〝疑似冊封〟)を断固拒否する意思を伝えたが、(鹿児島県参事が)従わなければ天皇への謀《む》反《ほん》であり、他県同様の支配を受けるしかないと強硬に主張したため、窮地に立たされやむなく独断で勅《ちょく》命《めい》(天皇の命令)を受けた。報告を聞き、私だけでなく三司官ら役人は愕然《がくぜん》として色を失った」

*米仏蘭との条約原本の没収

天皇が琉球国王の尚泰を「藩王」へと格下げし、政府の直轄下に組み入れた翌日の一八七二年9月15日。政府は間髪入れずに、琉球へ次々に命令を下す。

まず手始めに、那覇にあった薩摩の在番奉行所《ざいばん》を廃止し、外務省出張所と名称を変えた。9月28日には、太政官を通して次の布告を発する。

「琉球藩が各国と結んだ条約ならびに今後の(外国との)交際事務は外務省が管轄する」

「条約」とは、琉球が一八五〇年代に米仏蘭と結んだ修好条約のことだ。布告は、列強が琉球国を国際法の主体(主権)として認めた証拠を取り上げ、さらに今後の外交権をも剥奪《はくだつ》することを意味した。琉球の生命線である中国との外交以外はそぎ落とし、外堀を埋める狙いがあった。

これに対し、琉米修好条約を五五年に批准した米国はいち早く反応した。駐日米公使デ・ロングは10月

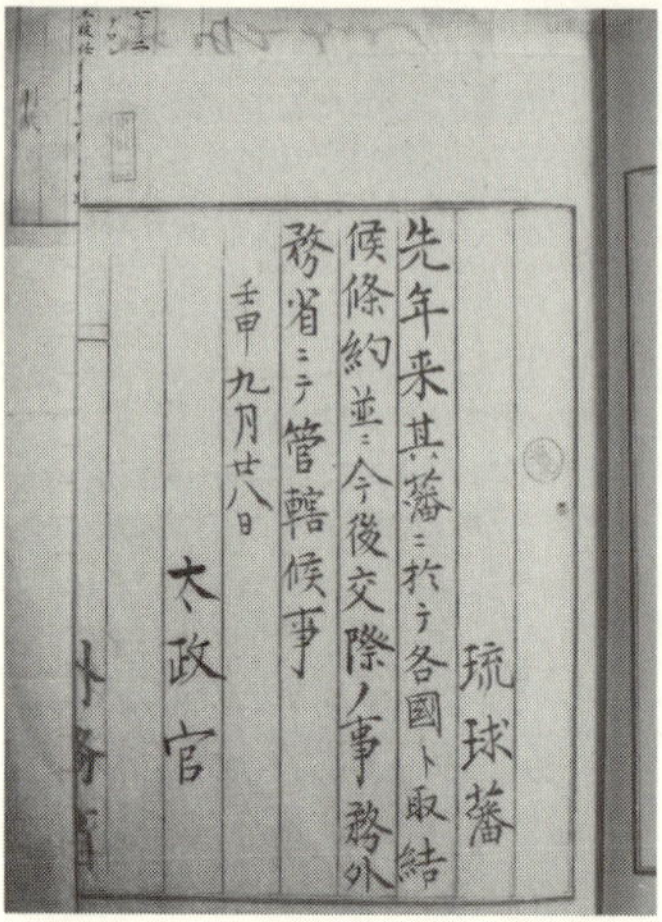

琉球が米仏蘭３カ国と結んだ条約が外務省管轄になったことを伝える太政官布告（外務省外交史料館所蔵）

20日付の文書で外務省に問い合わせる。

「琉球が日本帝国の一部として併合されたことを理解するが、前王国の領土内に関する条文は日本政府が順守するのか」

副島はこう答えた。

「琉球は数百年前からわが国の付属であり、あらためて藩に定めた。わが帝国の一部である。したがって条約の内容は政府が維持、順守する」

この回答に対し、米国は「理解」を示しただけで終わった。

ただ、日本政府が条約を無効とせず「継承する」としたのは注目される。翌七三年、イタリアやドイツから、自国の艦船や人民が琉球を訪れた際、米仏蘭三条約の内容と同様に対応してほしいと要望したことに対し、政府は「琉球に伝える」と回答している。いずれの国も、国際法で定めた条約締結権や領域管轄権が琉球に存在したこと、すなわち琉球が国際法の主体だったことを前提に話を進めたのだ。

七三（明治6）年に入ると、政府はさらに矢継ぎ早に琉球へ命令を下す。3月は米仏蘭三条約の提出、6月は国王印・三司官印の提出、9月は国旗掲揚の実施報告、琉球全域の戸籍調査提出などを要求した。ところが、一方の琉球側には王国が消滅したとの認識はまったくなかったため、政府の命令に困惑するばかりだった。

3月、この日琉間の矛盾が表面化する。測量のため先島《さきしま》を訪れた日本船が外国人漂流者を連れて那覇に寄港した際、外務省出張所はその外国人漂流者を、自分たちの裁量で長崎へ送った。琉球では、漂流外国人には食料を与え、琉球から護送して中国の福州経由で本国へ送り返すルールがあった。外国人の口から長崎在留の中国人に日本との関係が知られて冊封・進貢関係の妨げになるのを恐れたからだった。その慣行を琉球側は政府に伝え「外交は自ら当たる」と抗議した。

その抗議を聞き入れない政府に対し、尚泰王はこう反発した。「大事に深く干渉している」

七三年7月7日、外務省幹部、上野景範《かげのり》の私邸。琉球への漂流外国人は琉球が取り扱いたいと要請するため上京し、上野を訪れた三司官の浦添《うらそえ》朝昭《ちょうしょう》や大宜見《おおぎみ》親雲上《ぺーちん》らは、驚きのあまり言葉を失った。

上野は浦添らにこう告げた。「北京では、琉球の管轄を、日本と清国（中国）、いずれか一方に片付けようと話し合っている」

日清修好条約改定交渉のため北京を訪れている副島種臣外務卿らが、中国との間で琉球や台湾、朝鮮の地位について交渉中だというのである。

浦添親方朝昭（那覇市歴史博物館提供）

副島種臣（国立国会図書館ＨＰ）

琉球王国時代に使われた琉球国王の印。「琉球國王之印」と彫られている（レプリカ、首里城公園提供）

「最大の国難だ」。浦添はすぐに入手した情報を王府へ伝えた。王府首脳もうろたえた。「現状維持を要請せよ」。在日琉球使節の与那原良傑《よなばるりょうけつ》に強く命じた。

8月11日、在京の副島の私邸。与那原は北京から帰国したばかりの副島を訪れ「北京で琉球の所属を議論したのか」と問いただした。これに副島は「そんな議論はしていない。琉球人の台湾遭難事件について談判しただけだ」ととぼけた。台湾に漂着した宮古《みやこ》住民が先住民に殺害される事件をめぐる交渉こそが、後に琉球併合を加速させる材料となる。交渉はその狙いも含んでいた。

与那原は副島の曖昧《あいまい》な返答に納得せず「琉球は中国と日本に仕《つか》えて初めて、国家として存立できる」と懸命に訴え続けた。副島は最後にこう発言する。「琉球の国体政体は永久に変更せず、これまで通りだから何も心配はいらない」。それを聞いて与那原は「誠にありがたい。どうか約束を文書にしてほしい」と頼み込み、文書についての承諾を得るのに成功した。

一方、琉球は政府から約5カ月前に命じられた米仏蘭三条約の正本の提出を拒み続けていた。琉球を訪れた外国人から条約の確認を求められたら対応できない、というのが理由だ。それを認めない政府の強硬姿勢に「条約の写しを提出させてほしい」と懇願したが、突っぱねられた。その後も平行線のまま、最初の提出命令から約1年がたとうとしていた。

そのころ、東京では先の副島の約束を文書にするため、与那原良傑と外務省幹部との折衝が大詰めを迎えていた。文言調整の末「約束」から約8カ月後の七四年3月27日、ようやく「琉球の国体政体は永久に変わらず、清国との交通も従来通り」とする確認文書が交わされた。

琉球は自国の安全保障の最重要担保を得られたと安心する。その約2カ月後の七四（明治7）年5月、年頭《としがしら》使者の津波古《つはこ》親方政正《せいせい》は上京の際に三条約の正本を携え、政府に提出した。1年2カ月もの間、正本提出に抵抗していたが、約束担保の安心感が影響したとみられる。

しかし約束は、琉球の抵抗をおさえて併合策を進めやすくするためのパフォーマンスにすぎなかった。その後も併合策は続き、約束は完全に反故《ほご》にされる。

先述のように一八七三年6月、政府は琉球に国王印・三司官印の提出も命じている。これがいつ没収されたかは不明だが、七四年以降、国王印が押印された文書は見つかっていない。国王印・三司官印はいまだ、行方が分かっていない。

＊台湾出兵と琉球問題

一八七四年2月、明治政府は台湾への出兵を閣議決定した。

七一年11月、首里王府《しゅりおうふ》に年貢を納めた宮古《みやこ》住民の船が宮古への帰りに台風に遭い、台湾へ漂着、69人のうち54人が先住民に殺害される事件（台湾遭難事件）への対応だ。3人は途中で溺死《できし》、残り12人は中国人に救助され、従来の慣行に従い、福州の琉球館を経由して那覇に帰還、事件は一件落着していた。

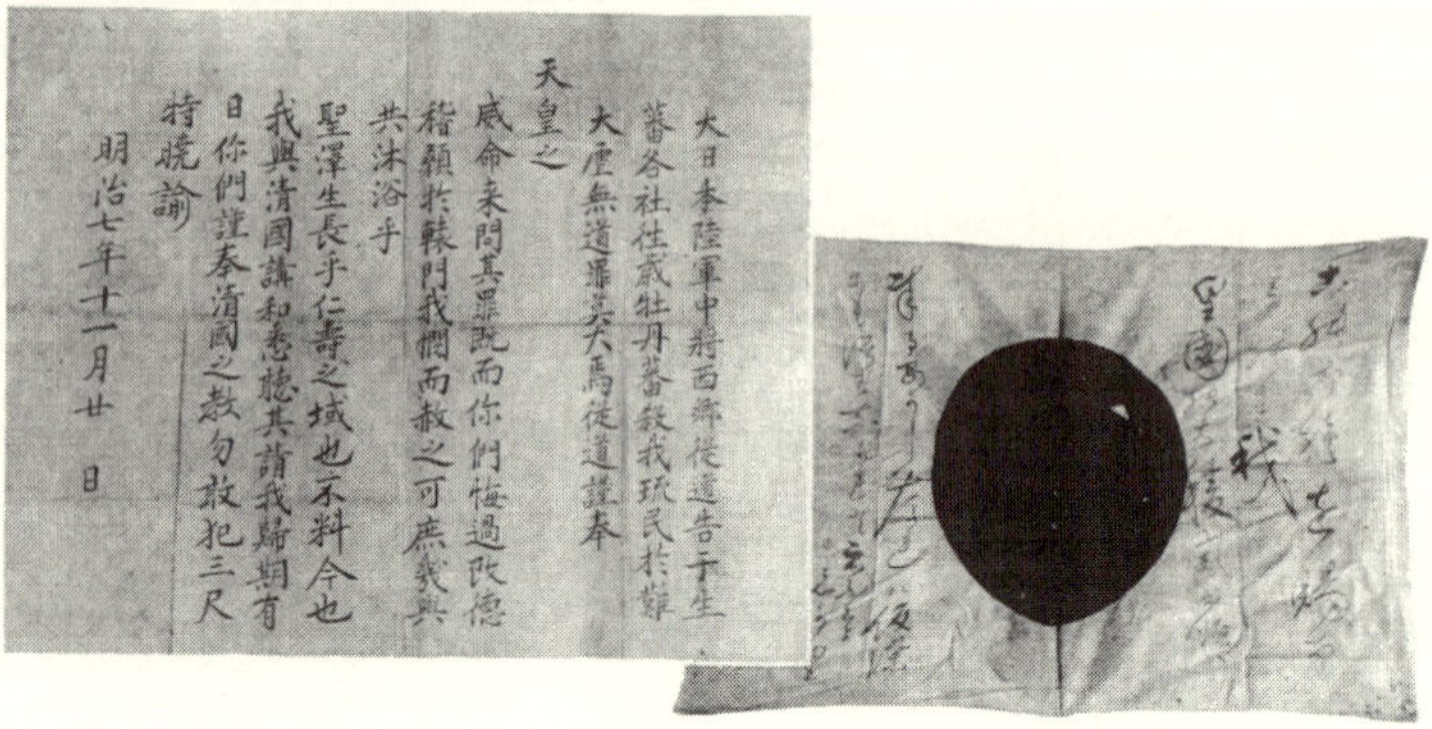
大日本陸軍中将西郷従道告于生
蕃各社住戚牡丹蕃殺我琉民於難
大肆無道罪莫大焉従道謹奉
天皇之
威命来問其罪既而你們悔過改徳
稽顙於轅門我們赦之可庶幾與
共沐浴乎
聖澤生長乎仁壽之域也不料今也
我與清國講和悉聴其請我歸期有
日你們謹奉清國之教勿敢犯三尺
特暁諭
明治七年十一月廿　日

日本軍に帰属した先住民族に配布された日の丸と諭告文（又吉盛清氏提供）

ところがこの事件のことが間もなく日本に知れ渡る。後に初代台湾総督を務めた、鹿児島出身の樺山資紀《すけのり》鎮西鎮台《ちんぜいちんだい》第二分営長は、台湾先住民に対し武力で報復するよう政府に建言する。これを好機と捉えた政府は、琉球「所属」問題と絡めた台湾領有計画を練り始めた。

「出兵しないでほしい」。政府の動きを知った琉球王府は七二年9月、政府にこう強く要請する。中国と事を構え、中琉関係が悪化するのを恐れたのだ。しかし副島種臣外務卿は要請を無視し、台湾領有計画を推し進めた。

七三年6月、中国。事件への認識を聞いた日本の外務省使節に対し、中国側はこう答えた。

「琉球国民が殺されたのは知っているが、日本国民が被害を受けたとは聞いていない。琉球国はわが藩属なので、生存者に義援金を与えて本国へ送り返した」

これに対し日本側は、「琉球は長く薩摩に付属していた」と「自国民」であることを主張、琉球人を殺害した台湾先住民への処罰について問うと、中国側は、台湾先住民の一部にはいまだ中国の教化が及ばない住民（化外《かがい》の民）がいると返答した。

日本はこれを言質《げんち》として利用する。台湾を中国の主権が及ばない、当時の国際法でいう「無主」の地だと拡大解釈して、七四年2月、出兵を閣議決定した。背景には、廃藩置県で士族としての特権を失った旧士族たちの政府に対する強い不満がくすぶっており、そのはけ口を求める狙いもあった。

「国際法を引用しているが、台湾を奪うのは明らかに国際法違反だ」。駐日英国公使パークスは外務省に抗議した。米国、フランス、ロシア、スペイン、オランダも抗議し、出兵に伴う船舶の貸与や自国人の雇用を拒否した。これに驚いた政府は急きょ、出兵中止を決める。

一方、台湾遠征への出撃基地・長崎では、陸海軍全権を束ねる西郷従道《つぐみち》（隆盛の弟）率いる士族らがすでに結集し、軍艦4隻がいかりを揚げようとしていた。その寸前に「中止命令」の電報が飛び込んだ。

西郷は「米国らの主張は独立国の権利を妨げるものだ」と猛反発した。「賊徒《ぞくと》」になってでも、台湾先住民の巣窟《そうくつ》を攻撃する「決心」を表明、命令を拒み、台湾へ向け独断で出航した。

この事態に政府首脳は追認を余儀なくされる。3600人の出兵軍は台湾南端を占領した。

台湾南端の地に建てられた台湾遭難事件の琉球人犠牲者の墓（又吉盛清氏提供）

1871年に起きた台湾事件の被害者の墓＝那覇市の護国寺の境内

西郷の暴走は後に軍史研究者から「後年の軍暴走の先駆例」と批判されている。出兵は、琉球併合を急速化させる引き金になっただけでなく、九四年の日清戦争による台湾領有にもつながっていく。

「まさか」。中国（清国）首脳は日本の台湾出兵の情報に耳を疑った。対等・同盟を旨とした日清修好条規を締結してから、まだ何年もたっていないからだ。

だが出兵が事実だと知ると、直ちに日本へ抗議する。台湾へ二度、軍艦2隻を送り、西郷従道に撤兵を求めたが、西郷は日本の公使が対中交渉に当たると主張し、応じなかった。日中関係は一気に緊張が高まった。

七四年6月、その日本公使と中国との交渉は不調に終わる。日本政府は7月9日、万一の場合は中国と開戦する方針を決定した。交渉の狙いを、賠償金獲得に絞る。琉球の日中「両属」の源とされる、中国との冊封・朝貢関係を絶つとする「奥計」も秘めて再交渉に臨んだ。

だが交渉は平行線をたどった。台湾は国際法でいう「無主」の地と主張する日本に対し、中国は台湾の領有権を強調、双方譲らない。ついに日本の最高権力者、大久保利通《としみち》が中国へ渡る。交渉は10月まで及んだ。

この間の緊張は日琉関係にも影響した。琉球の尚泰王《しょうたいおう》は台湾事件の生存者が帰国すると、中国の救助・送還に対し、謝礼金と感謝状を贈っていた。それを知った日本政府は台湾出兵の大義名分を損なうとして厳しく詰問、琉球側は「当然の義務」と反論した。

大義名分の創出を狙う政府は、台湾現地で行う遭難者慰霊祭への参加者を遺族から募るよう琉球に指示した。だが在日琉球使節の津波古政正《つはこせいせい》は「日本軍占領下の台湾で遺族が慰霊祭を行えば、ますます中国の疑惑を増し、進貢の障害になる」と拒否し続けた。

結局、琉球の抵抗により、出兵の確かな論拠を中国に示したかった大久保のもくろみは外れ、中国との交渉で琉球の日本「所属」を積極的に主張できなくなる。

大久保利通（国立国会図書館ＨＰより）

「もうこれ以上、議論しても意味がない」。9月の北京入り以来七回に及んだ交渉の席で、大久保は別れ際、「日本に帰る」と言い放った。開戦も辞さない構えで臨んでいた日本は「宣戦発令条目」を作成しており、決裂寸前には開戦通告の文案を作り、国際法における開戦の名義も検討していた。

事態を重く見た駐清英国公使のウェードが仲介、妥協案を提示し、ようやく合意に至った。

英国公使が仲介を買って出たのは、中国には当時２００社以上の英国商社が進出しており、戦争になれば、それらの活動に支障が出るとみたからだった。合意は、清の台湾領有を前提に、清は日本へ見舞金を支払い、日本側は撤兵する、との内容だった。

ただしその合意書には、被害者は「日本国属民等」という言葉が盛り込まれた。日本は、備中《びっちゅう》小田（現在の岡山県）の漁民が台湾に漂着し、先住民による略奪に遭ったことも出兵理由に挙げていたため、「日本国属民等」が琉球人を指すかどうかは曖昧《あいまい》にされた。

また、中国が日本軍の台湾侵略を「保民の義挙」と積極的に認めた合意ではなかったが、日本側は中国がそれを明確に認めた上に、琉球人は「日本国臣民」だと承認したかのように宣伝した。

＊中国との外交断絶をめぐって

台湾事件をめぐる日中合意直前の一八七四年10月22日、琉球は中国（清国）に進貢船を派遣した。国頭《くにがみ》親雲上《ぺーちん》盛乗を代表とする180人は帆船2隻に乗り、福州経由で七五年3月に北京入りし、歓迎される。

ところで、大久保利通内務卿は中国との談判に先立ち、琉球が外務省の管轄にあるのは国際社会から見ると不自然だとして、内務省へ移管していた。だが琉球は政府の政策を無視し、進貢という外交権を行使したのだ。

一方、大久保は中国との談判で、琉球の「所属」は依然不安定だと実感した。いずれこれが国際問題化するのを恐れ、帰国後すぐ「琉球処分」に着手、一八七四年12月15日付で建議する。内容は、台湾出兵への「謝恩」のため尚泰を自ら上京させることや中国との関係の一掃、日本軍鎮台《ちんだい》分営の設置、米仏蘭三条約の政府による「結替」（継承）手順の検討、台湾事件の被害者への見舞金、それに琉球への蒸気船の提供などだ。こうして琉球に台湾出兵の恩義を着せ、尚泰に謝礼させて、日本の「帰属」を内外にアピールする一方、中国との外交関係の断絶を狙うものだった。

七五年3月29日、中国（清国）の北京。フランスの駐清代理公使は書記官を日本公使館へ走らせた。日本公使による、琉球進貢使との面談要求を中国外務省が拒否した事態を探るためだ。「台湾事件に続く日中の係争問題に発展する」と、事態を重く見たのだった。

フランス代理公使は日本公使に対し、各国公使の国際会議開催を提案、問題の検討を勧めた。英国公使もドイツ、米国の両国公使に開催を打診した。それを見て、寺島宗則《むねのり》外務卿が琉球進貢使の件は「しばらく見逃す」と訓令したため開催は見送られたが、進貢使の処遇問題は国際的注目を集めることとなった。

大久保は琉球使節を上京させ、内務省ナンバー4の松田道之大丞《みちゆきだいじょう》と共に「説得」に乗り出した。交渉は七五年3月31日から5月8日まで実に8回に及ぶ。大久保は当初、琉球側の自発的な「処分」受け入れを図り、最大懸案の中国との外交断絶要求は後回しにした。しかし、琉球は強く反発する。

「琉球は兵を備えず、礼儀と話し合いで外国船に対応し、平和を維持してきた。兵営を設置すれば、かえって外国から武力で強要される恐れがあるだけでなく、琉球の人心も不安に陥り、清の信義も失う」

琉球使節の池城《いけぐすく》 親方《うぇーかた》安規《あんき》らは鎮台分営設置についてはこう強調、大久保や松田の強圧的「説得」に対し、要求をことごとく拒んだ。

そんな中、日本の駐清代理公使が琉球進貢使節の北京入城を伝えてきた。政府は愕然《がくぜん》とする。中国外務省は代理公使による進貢使との面会要求を拒否した。中国皇帝の代替わりの際に琉球は慶賀《けいが》使を送るのが慣例だったため、日本政府は予想される琉球の慶賀使派遣も「国権」に関わる問題と重視する。

「君臣上下の身分をわきまえない抗弁だ」。池城親方らの抵抗に手を焼いていた大久保は憤然として、叱りつけた。進貢使問題を背景に七五年5月、政府は「説得」から「強行処分」にかじを切る。中国との外交断絶を急務の最重要課題として前面に出す方針に転換し、琉球首脳との直接交渉を決意、松田の派遣を決める。

＊松田処分官と琉球官員

一八七五年7月14日午前9時、首里城。松田道之処分官は、随員を伴い首里城に入り、正殿で天皇の「お達し」を朗読、病気の尚泰王に代わり出席した今帰仁《なきじん》王子に手渡した。

「清への進貢使や慶賀使派遣、清の冊封使《さっぽうし》受け入れを禁ずる」

松田は、台湾事件に対する尚泰の「謝恩」上京、新刑法の採用、日本軍鎮台分営設置など六項目を命じた。中国との外交権をはじめ内政権をも奪う内容に、琉球官員はみな驚き、王府に衝撃が走った。松田は日本との人種・言語・風俗の類似性などを挙げ「琉球は日本の版図《はんと》」と主張したが、琉球側はどれも一方的論拠だと猛反発した。

琉球官員らは議論した末、態度を固めた。王の上京、中国との外交禁止は、他は多少譲歩しても「力の限りを尽くして拒絶する」。中国との外交は琉球存続の〝命綱〟と考えていたのだ。

これに対し松田は、琉球の日中「両属」は「国際法に照らしても国権を損ない、世界に示しがつかない」と一蹴《いっしゅう》した。琉球側は中国と日本は「父母」とし、琉球を、母から父との断絶を迫られた子に例えた。松田との激しい論争が続いた。

官員の琉球派遣一覧

※安岡昭男法政大学名誉教授作成

回	氏　名	職名・資格	那覇着年月日	使　命
1	伊地知壮之丞（貞馨） 奈良原幸五郎（繁）	鹿児島県伝事 〃	1872/1/15	国政改革・藩債免除などを告ぐ
2	右松祐永 今藤宏	鹿児島県権典事 〃　権大属	1872/7/11	使節上京朝貢を促す（大山綱良参事呈書）
3	伊地知貞馨	外務六等出仕	1873/3/3	仏米蘭3国との条約正本提出を命ず
4	伊地知貞馨	外務六等出仕	1874/2/9	定期郵便航路・藩内郵便事業の開設
5	松田道之（第1回） 伊地知貞馨	内務大丞 内務六等出仕	1875/7/10	清国との進貢冊封関係の差し止め
6	木梨精一郎	内務少丞	1876/7/26	対清断交の命令書を交付
7	松田道之（第2回）	内務大書記官	1879/1/15	断交の遵奉書提出を促す
8	松田道之（第3回）	内務大書記官	1879/3/25	琉球藩廃止、沖縄県設置を令達
9	富小路敬直	侍従（内勅使）	1879/4/13	藩王を慰問
10	高階経徳 相良長発	侍医 陸軍少佐 （宮内省御用掛）	1879/5/18	藩王を慰問・診察
11	鍋島直彬	沖縄県令	1879/5/18	県令として赴任

琉球内では、自治権維持のためにやむなく承認するしかないとの意見もあったが、一度承認すればすぐ琉球廃絶を招くとする意見がほとんどだった。

松田との論争は1カ月を過ぎても平行線をたどった。松田は期限を設け、強圧的に承認を迫ったが、琉球側は何度も小刻みに回答を先延ばしにした。これに対し松田の態度はいっそう厳しくなり、子どもを叱りつけるように琉球官員を責め立てた。官員たちは昼夜休まず対応を協議し「食事はのどを通らず心身とも疲れ果て、酔い、狂うように顔が青ざめ、ため息をつくだけ」だったという。

松田の帰京が迫った9月4日、琉球官員らは内務省出張所の松田の所へ駆け込み、回答延期を頼んだ。8月14日付の「郵便報知新聞」に、中国政府が福州に

池城親方安規（那覇市歴史博物館提供）

琉球への軍艦派遣を命じたとの記事があったのだ。

琉球官員らは中国から援軍が来ると思い込み、気勢を上げた。ところが松田は、「この記事は信用できない」と取り合わず、官員らの様子を見て尚泰に通告する。――「朝命《ちょうめい》に応じないのは謀反《むほん》だ。政府は犯罪者と見なし、王家の存亡に関わる厳重な処分をするだろう」

中国の援軍は来なかった。松田の通告に驚いた尚泰は、「琉球存続のため」と松田から突きつけられた要求への承認を使者に命じる。承認すれば琉球滅亡を招くとの危機感に突き動かされた士族ら100人余は、尚泰に泣いて取り消しを訴えた。かつてない城内の混乱を見た尚泰は「取り消し」を明言、騒ぎを収めた。一方、士族や群衆数百人は、松田の所へ向かう使者を取り囲み、承認文書を取り上げた。

騒ぎを聞き、身の危険を感じて避難していた松田は、〝わな〟を考える。琉球側が要求していた上京しての救国直訴《じきそ》を認める代わりに、それでも政府が聞き入れない場合は政府の命令を承認する――というものだ。琉球側は条件をのみ、直訴できることを喜んだ。

七五年9月27日、日本の最高政治機関・正院で松田道之処分官は、2カ月余に及んだ琉球出張の報告書を太政大臣に提出した。琉球の抵抗を「無礼で不法」と弾劾《だんがい》し、こう建議する。

「司法では、命令に従わない王の罪を処断し、行政では王に命じて土地人民を奉還させ沖縄県を置き、軍務ではすでに決まっている分遣（軍）隊進駐の期日を早めて、士族や住民の暴挙を予防すべきだ」ここに、初めて「廃琉置県」が提起された。

「清との外交断絶の命令は絶対に承認できない」。政府への救国直訴を展開するため松田と一緒に上京した池城安規《いけぐすくあんき》、与那原良傑《よなばるりょうけつ》、幸地朝常《こうちちょうじょう》の琉球使節は琉球館役所（在京の出先役所・琉球藩邸）を拠点に請願運動を始めた。これに政府は「松田の命令を早く承認せよ」と厳しく迫るだけだった。

そんな中、琉球館に政府批判論者3人の署名が入った一通の書簡が投げ込まれた。「明治政府は国内過激派の不満を台湾、琉球へ向け、台湾出兵に次いで琉球併合の機会を狙っている。狼《おおかみ》のような日本の毒牙《どくが》を免れるために清との関係を強化すべし」

自由民権派の一部や日清提携論者が救国請願に注目し、側面支援を始めた。民権派雑誌「近事評論」は、池城ら琉球使節による「大臣某氏へ」とする「哀訴《あいそ》の書簡」を全文掲載した。その書簡が日中を「父母」とする琉球の主張を否定する政府に対し、三国に服属しているポーランドの例を使節が挙げて「国際法は両属国家の存在を許容している」と反論している点に雑誌記者は着目した。「国際法に基づき現状を分析していることからすると、内外情勢をよく知っている」とその見識を記者は高く評価している。

＊警察権の接収と最初の軍隊派遣

一八七五（明治8）年11月、東京の外務省。明治政府が小笠原島の領有を狙って同島への官吏《かんり》派遣を決めたことに、英国公使パークスがかみついた。寺島宗則外務卿《きょう》とこんなやりとりをした。

パークス「領有の理由は」

首里城内の鎮台分営兵士（日本カメラ博物館提供）

寺島「日本に近い」

パークス「理由にならない。近い遠いで決まるのなら、琉球島は支那《しな》（中国）の属地ともいえる」

寺島「10年前、（琉球に）わが官吏を派遣した」

パークス「米国やわが国も官吏を派遣した」

寺島「政府の命令か」

パークス「そうだ」

寺島「最後に派遣したのはわが国だ。近海にある群島をそのままにするのは国のためにならない。最近（領有への）着手を決めた」

このやりとりは、当時琉球の主権をめぐる諸外国の認識が曖昧《あいまい》だったことを物語る。英国は琉球の地理的位置に注目していた。翌七六年、在日英人バルフォールは本国の雑誌の論説で、琉球に軍事拠点を確保できれば有事の際に極めて便利とし「東洋での英国の地位は一層進歩する」と琉球領有を提言している。

一方、琉球使節は政府へ十数回にわたり救国の請願書を届け続けた。いずれも突っぱねた政府は七六年5月10日、ついに使節へ東京退去を命じる。

不退転の決意で上京した池城《いけぐすく》らはこれを無視し、なおも請願を繰り返した。琉球当局はそれを加勢するため、三司官《さんしかん》の富川盛奎《せいけい》ら3人を追加派遣する。だが、それでも打開困難と見て、幸地親方《うえーかた》を琉球へ帰国させ、中国へ直訴の密使として送り出す。これまで日琉関係の隠蔽《いんぺい》策を重んじ、「処分」問題を告げずに独自で対応してきた琉球は、方針を転換し、中国をはじめ国際社会への訴えに打って出たのだ。

明治政府は、諸外国の視線を意識するにつれ、琉球領有化を一層重視する。琉球が〝命綱〟としている中国（清国）との外交を最大の「障害」としつつ、外堀を埋めるため内政権の剥奪《はくだつ》を進めていく。七六年5月から8月、併合策を加速させた。

内務省ナンバー5の木梨精一郎小丞《しょうじょう》は政府の命を受け、琉球の同省出張所に駐在し、警察・裁判事務の内務省移管を進め、琉球人の中国渡航を規制した。

富川親方盛奎（那覇市歴史博物館提供）

警察権接収は琉球人の行動監視と干渉強化が狙いだった。警察は後に、「処分」反対士族や住民の逮捕・弾圧、中国亡命対策を活発化させた。実際、中国から帰国した琉球人を拷問した。日本では江戸時代にあった関所通過のための通行手形が撤廃され、交通が自由になったが、琉球内では逆にどこへ行くにも通り（津口）手形が要求された。

一八七六年5月、那覇港近くの真和志《まわし》間切《まぎり》古波蔵《こはぐら》村。1万

8600坪の耕作地にくいが打たれた。鎮台兵営《ちんだい》の場所をめぐり琉球と土地買い取りの交渉中、陸軍省は地主の耕作を禁じ、目印のくいを抜いたり倒したりしないよう、村役人、村民に強く言い渡した。

沖縄における強制的土地収用の始まりともいえる。この土地に9月3日、琉球・沖縄における最初の「外国軍」基地、鎮台分営が完成した。兵士ら25人が派遣された。

琉球側は「兵営設置はかえって外国の軍隊に狙われる」と反対していたが、ついに押し切られた。「もし反対派の抵抗に遭えば、分営兵士の武力を行使する」。松田道之処分官は七八年12月、琉球の「処分方法」にこう明記し、兵士増派も提起した。民権派雑誌「近事評論」はこの方針について「日本刀による威圧」がいかに琉球人の心を傷つけるか――と批判した。駐屯軍の目的が琉球人の弾圧であることを見抜いていた。

2　手段を尽くしての抵抗・救国運動

＊密航して中国政府に直訴

その航海は、琉球の多難な前途を暗示するかのようだった。幸地親方朝常《こうちうぇーかたちょうじょう》（向徳宏《しょうとくこう》）、蔡大鼎《さいだいてい》、林《りん》世功《せいこう》ら密使19人が乗ったマーラン帆船の行く手を波や風が阻《はば》んだ。一八七六（明治9）年12月、祈願のため伊平屋《いへや》島に行くと称し、一行は本部《もとぶ》から中国（清国）へ向かった。琉球の存亡を懸けた密航だった。

尚泰王《しょうたいおう》の密書を携え、並々ならぬ決意で臨んだ一行は、明治政府の監視の網の目をくぐり抜けて外海に出たものの、荒波に翻弄《ほんろう》された。漂流した末、福州の琉球館に着いたときは、出航の日から4カ月を過ぎていた。

「日本政府に朝貢《ちょうこう》を阻止されている」――一行は到着後すぐに福建当局に訴え、救援を求めた。約2カ月後の七七（明治10）年6月24日、福建当局は中国政府にこう提起する。

「近く初代駐日公使に就く何如璋《かじょしょう》に日本との交渉を担当させる。その一方で、駐日各国公使を招集して国際会議を開き、国際法に基づいて明治政府の進貢停止命令の是非を議論させるべきだ」

琉球国からの進貢継続に困難が生じているのを知った中国政府は、何如璋に明治政府との交渉を命じる。

「なぜだ」――9月20日、天津《てんしん》。中国の実力者・李鴻章《りこうしょう》は進貢停止命令という意外な情報を知り、驚いた。李は、駐清公使の森有礼《ありのり》や副島種臣《そえじまたねおみ》が提唱する反ロシア＝日中韓連合論に共鳴し、戦略的観点から日中提携に期待していたからだ。

幸地親方朝常（那覇市歴史博物館提供）

李鴻章（インターネットより）

李はすぐに日本領事館に森を訪ね、進貢停止命令の真偽を問いただした。それに対し、森はとぼけた。「聞いていない。琉球藩は内務省の管轄《かんかつ》だ。外務省は関係ない」。前年の七六年2月、寺島宗則外務卿から「琉球に関して清側と論議するのは避けよ」と指示されていたのだ。

「知っているくせに、知らないふりをしている」。森のうそを見抜いた李は、琉球の問題に気付き始め、徐々に関心を高めていく。

七七年9月からさかのぼること1年8カ月の七六年1月、森はすでに中国で一つの布石を打っていた。中国外務省に対し、「沖縄・宮古《みやこ》諸島」の人々について、日本本土から遠い地域に住み、旧《ふる》い昔ながらの慣習を持っているので、パスポートの有無にかかわらず「日本人」と認めてほしいと要請した。これに対し中国側が日本のパスポート保持者を「日本人とする」と回答すると、森は日本人パスポートを示し「この証しの保持者は南海島民を含めて日本人だ」と中国側に説明し、了解を得た。

森はこの経緯を寺島に報告した。「琉球の名を出さず、中国の体面も損なわずに、中国が属国と称する琉球を無形の空物《そらもの》に帰せしめた」。こう自賛し、「今より琉球を沖縄のごとき名称」に改めるよう進言した。寺島が中国側と琉球の議論を避けるよう指示したのは、その報告・進言に返答した際だった。明治政府は台湾事件をめぐる交渉と同様、中国に対して正面から琉球の問題を論じず、間接的に日本「属民」を既成事実化する策略だった。

この年の6月10日に民権派雑誌『近事評論』は、琉球を有名無実の「空物にし、わが版図《はんと》に没収する」方法に反対を表明、次のように論じた。

「いたずらに術策を弄《ろう》せず、条理と権利あるところに従い、(琉球を)日本なり、清国なりの管理に帰せしめ、琉球の人民が欲するならば、独立自治を育成し、わが国の大義を主唱せよ」

一八七七年12月7日、神戸港。初代駐日中国（清国）公使・何如璋が乗る軍艦・海安号《かいあん》が神戸港に入港した。

一行が東京に向かう途中に5日間滞在した際、神戸はお祭りのような歓迎ムード一色に染まっていた。初代中国公使の初来日の瞬間を一目見ようと、市街地は歓迎する人々であふれた。家々は清の国旗を掲げ、子どもたちは小旗を振った。夜は沿岸にたくさんのちょうちんが掲げられた。アジアの同盟国の使節一行は大阪や京都を見物した際も、行く先々で同様の歓迎を受けた。

しかし神戸港に停泊中のある日、不測の事態が発生した。夜が更けた未明のこと、乱れた髪にかんざしを斜めに挿し、破れた服を着た男が海安号の船内に押し入るや、床に伏して悲痛な声を上げたのだ。何如璋らは男の話す言葉が琉球語であるのは分かったが、訴えの内容は分からない。男はやがて懐《ふところ》から封書を取り出し、差し出した。

乱れた髪に破れた服を着て何如璋に直訴した与那原親方良傑（那覇市歴史博物館提供）

男の正体は琉球の三司官《さんしかん》、与那原親方良傑《よなばるうぇーかたりょうけつ》であり、封書は国王からの密書だった。こう書かれていた。「日本は琉球の貴国への進貢を阻止し、やがては必ず滅ぼすだろう。救援を求める」。日本の歓迎ムードの中、何公使らは琉球存続の危機が迫っていることを知った。

この必死の直訴《じきそ》の背景には次のようなことがあった。琉球使節による東京での救国運動は行き詰まっていたのだ。政府への要請はことごとく一蹴《いっしゅう》され、最後は退去さえ命じられていた。使節らはこれを無視して運動を続けていたが、ついに、14回にもわたって嘆願書を政府に出し続けた池城《いけぐすく》親方安規《あんき》は不眠症に陥り、七七年4月30日、東京の琉球藩邸で客死した。

そうした中、中国公使が神戸に寄港する情報を得た与那原は、政府官憲の監視網をかいくぐって東京を脱出、神戸へ向かい、直訴を決行したのだった。乱れた格好は、監視の目を欺《あざむ》くためだった。

＊国際世論を喚起する

事態を重く見た何如璋らは12月25日に東京へ到着すると、日中外交の第一の課題として琉球問題に取り組んだ。与那原親方も東京に戻り、富川親方盛奎《せいけい》らとともに何如璋に請願書を提出し、面談を繰り返した。琉球の歴史や現実に理解を深め、問題の解決方法を数カ月にわたり検討した何如璋は、七八年4月、中国外務省へ建議する。

その内容は、明治政府の進貢中止命令を撤回させる主な方策として、①外交交渉を続ける一方、兵船を琉球へ派遣して進貢を促す、②琉球人の救援を約束して日本に抵抗させ、日本軍の琉球攻撃には中国も軍事力で対抗する——の二案だ。

これに対し、中国の実力者・李鴻章《りこうしょう》は、「琉球は海中の小国に過ぎず、その進貢を受けても大して利益はなく、清国には武力で琉球の進貢を争う理由はない」として、琉球が救援を繰り返し求める場合は適当に指導し、中国当局の指示を待つように、と返答した。中国外務省も何公使の提案に同意せず、外交交渉継続を指示するだけだった。

何如璋の強硬策、李や中国外務省の姿勢、いずれも、日清修好条規の枠組みの中で問題処理を図る日清提携の立場では共通しており、妥協点を見いだそうという意図が働いていた。

一八七八年9月3日、東京。何如璋《かじょしょう》は寺島宗則《むねのり》外務卿《きょう》と会い、こう切り出した。「琉球は地理的に言えば、わが国の所属だ」。その上で、琉球への中国進貢禁止命令の撤回を強く求めた。

これに対し寺島は、「琉球語の語源は日本語であり、風俗も日本に近い。長く租税も受けてきた」と反論、琉球は日本の「属地」であり、「琉球人は日本人」だと強調した。何如璋は寺島との2回の面談を経て10月7日、改めて正式に抗議文を送る。

「琉球は元来、清国の藩属、自治の国だ」――その主な理由として、①明の時代から「藩属」として進貢してきた典拠がある、②琉球が締結した米仏蘭三国との条約は中国の年号・文字を用いている、③進貢禁止は日清修好条規第一条の「相互の属領を侵さない」に違反する――を挙げた。

その上で、「この事情を国際法に問えば、各国公使は黙っていないだろう」と、日本を強く批判した。

「仮想の暴言だ」。寺島は怒りを表した。抗議文中の「隣交に背《そむ》き、弱国を欺《あざむ》く」「不信不義、無情無理」という言葉にかみつき、逆に謝罪文を求めた。これに対し何如璋は「謝るような内容ではない」としりぞけた。こうして琉球問題は日中の実質的議論を欠いたまま、時間だけが過ぎていった。

ちょうどそのころ、与那原親方良傑と富川親方盛奎は東京で新たな救国運動を開始した。政府の強い圧力と監視の中、ひそかに、五〇年代に修好条約を結んだ米仏蘭三国の駐日・駐清公使へ、日本政府の暴挙を訴える密書を送ったのだ。

「琉球は小国だが、自ら一国をなす。清の年号を用いているが、清の寛大な厚意で自治を許されている。貴国と結んだ条約にも清の年号・文字を使っている。もし清との関係が閉ざされたら条約はほとんど紙切

寺島宗則（インターネットより）

パークス（インターネットより）

れ同然となり、われら小国の存在も危うい。小国でも列国として条約を結んでくれた貴国に感謝する」

密書は、琉球への干渉をやめさせるよう日本へ勧告を求める要請だった。

フランスとオランダ両公使はこの密書の受け取りを拒否したが、米国公使は「本国の指示に従って処理する」と回答した。ともあれこの密書が、列強が琉球の問題を知る呼び水となる。

七九年1月13日、外務省。英仏両駐日公使が相次いで寺島を訪ね、琉球は「日中両属」と見なせるのでは、と強調し「処分」の動きを問いただした。とくに英国公使パークスは「琉球は自ら国法があり、兵器を用いず、道理をもってよく人民を治めている」と指摘した。さらに彼はこう続けた。

「米国公使も帰国前に、『琉球は日清両国の保護下に置くべきだ』と言っていた」

寺島は困惑した。すでに5日前、松田道之《みちゆき》処分官が2度目の琉球派遣の途に就いていたからだ。政府は中国公使からのたび重なる面談要請を、謝罪がないことを理由に拒み続けて時間を稼ぐ一方、列強からの批判の目をかわし、併合を急いだ。国際問題としての広がりを恐れたのだ。

＊武力行使

一八七九（明治12）年1月　日本や中国（清国）、欧米関係者らを驚かせるニュースが流れた。与那原親《よなばる》方良傑《りょうけつ》、富川親方盛奎《せいけい》らが七八年9月ごろに駐日オランダ公使に送った密書が新聞にすっぱ抜かれたのだ。

報道の一つ、中国・上海の新聞「申報《しんぽう》」は1月28日付で「琉球の三司官がオランダ公使のカペレンに提出した請願書」との見出しで密書を全文掲載した。寺島宗則外務卿には、密書の内容の真偽について欧米公使から問い合わせが相次いだ。

その約1カ月前、松田道之処分官は自ら作成した「琉球藩処分案」に基づき、政府から琉球出張を命じられた。翌日、松田は琉球藩邸の琉球使節を呼び付け、東京退去を命じた。政府の圧力と監視下にある琉球使節が、監視の目をくぐり抜けて国際社会への訴えを活発化させているのを見過ごせなくなったのだ。

そんな中、密書報道が日中両国で駆け巡った。中国とも外交関係のある琉球を日本が呑み込もうとしている――。そんな認識が国際社会に広まれば、琉球併合が難しくなると考えた政府は「処分」に拍車を掛ける。

松田はすでに胸中に描いていた、最終的には武力で威圧するシナリオの実行を急ぐ決意を固め、琉球へ向かった。

1月26日、首里城。松田は王府官員の前で今帰仁《なきじん》王子に向かって政府の通達を朗読し、返答期限は2月3日厳守と言い渡した。それは、中国との外交禁止と裁判事務移管がいまだに守られていないことを責め、

松田道之処分官（那覇市歴史博物館提供）

守らなければ「相当の処分に及ぶ」という内容だった。

同時に渡した松田自身の書状では、中国への密使による直訴や、米仏蘭公使へ密書を送るなどの「隠匿《いんとく》行為」は政府への「大不敬《だいふけい》」と強く非難した。中国や欧米公使への直訴が「処分」加速の決め手となった。通達は、国際法に照らせば、武力行使の前に政府が琉球に出した「最後通告」と見ることができる。

期限の2月3日。この日、琉球官員らは、先延ばしの嘆願を繰り返してきたこれまでとは違う態度を見せた。松田にきっぱりと全会一致で「ノー」を表明したのだ。

「琉球の問題はすでに日清間の外交問題に発展しているので、その協議が決着するまで小国としては何ともしがたい」

駐日中国公使の何如璋《かじょしょう》による政府への強硬な抗議姿勢が、「中国から必ず救援がある」という琉球の確信を醸成《じょうせい》していたのだ。

これを見て松田は「従う意思なし」と判断、直ちに帰京して、実力行使の「処分」を政府に建議する。最終決着を急ぐ政府は3月3日、これを承認し、松田に3度目の琉球出張を命じた。このとき政府で実権を握り「処分」を指導したのは、前年5月に暗殺された大久保利通《としみち》の後任、伊藤博文《ひろぶみ》だった。

一方、事態の緊急性を察知した何如璋は3月3日と11日、寺島外務卿と面談し、中琉関係や「両属」関係の維持を主張し、「処分」の中止を申し入れた。しかし寺島は、「先の暴言を取り消さない限り、一切話し合いに応じない」と繰り返し、会談はまたもや物別れに終わった。

「31日正午までに首里城を立ち退き、熊本鎮台分遣隊《ちんだいぶんけんたい》（日本軍）に明け渡せ。藩王は東京に移住せよ」

一八七九年3月27日午前10時、首里城。病床の尚泰王《しょうたいおう》の代理、今帰仁《なきじん》王子や琉球官員らは重苦しい空気に包まれる中、松田道之処分官は「廃藩置県」の通達を読み上げた。随行官9人、内務省官員32人、武装警官160人余、熊本鎮台兵約400人を伴っての厳命だ。警官らは城を囲み、城門を封鎖して見張りながら、城内の帳簿書類を差し押さえた。琉球官員らは茫然《ぼうぜん》として、震え上がった。

＊士族の総抵抗と役人層の不服従

翌28日、琉球官員や那覇《なは》、首里《しゅり》の全士族を代表する53人が松田のもとへ出向き、必死に嘆願した。

「琉球は自ら建国して主権を持ち、日本内地とは異なるのに、琉球国を廃滅されたのでは、たとえ日本政府からどれほどの物質的恩恵を蒙《こうむ》ったとしても、精神的に安心できず、憂《うれ》う心は燃えるようで、苦痛に耐えられません。廃藩を取りやめてほしい」

松田から「親日派」と見なされていた士族もすべて署名しており、この嘆願は当時の琉球士族層の総意と見ることができる。

しかしこれに対し松田は、「不敬不当だ。直ちに持ち帰れ！」と叱りつけ、こう脅した。「退城の日に退去しないときは、兵が出動し、不測の衝突が起こるだろう」

この日、松田は、首里、泊《とまり》、久米《くめ》、那覇の役人に対し、廃藩にかかわらず「従来通り業務を遂行せよ」と布告した。だが従う役人はおらず、皆、業務を放棄（サボタージュ）し、抵抗した。各村の役場は閉鎖されて閑散とし、行政機能は完全にストップした。

翌29日朝、琉球の三司官《さんしかん》は士族、平民を問わず首里内の男たちを呼び集め、首里城内の器物、衣服、書画、書籍など歴代の王が収集した貴重品を含む物品を、中城御殿《なかぐすくうどぅん》などに運ばせた。

晩までかかったこの運び出し作業に当たっては、城門を出る際は検問の警官らが荷物の中身を一つひとつ調べた。荷物の包みを開ける動きが少しでも遅いと、怒鳴り散らし、棒や剣を荷物に振り下ろした。そのため、多くの装飾品や貴重品が壊された。

夜8時。尚泰王はかごに乗り、従者数十人を伴い首里城を出た。中城御殿に向かう道中は、ちょうちんを掲げた士族百人余が連なった。人々は涙を流し、中には号泣《ごうきゅう》する人もいた。

このとき琉球王国は約500年の歴史に幕を下ろした。「処分」の理由は、中国との外交禁止と裁判権移管に従わなかったことだった。これらは国権の根幹だったため、琉球は従わず、外交・裁判権を行使し続けていたのだ。だが政府は、一八七二年にでっち上げた、天皇による〝抜き打ち疑似冊封《ぎじさっぽう》の君臣《くんしん》関係〟を根拠に琉球国の権限放棄を命じ、それに従わなかったことを理由に武力で威嚇《いかく》し、琉球国をつぶしたのだった。

この琉球国取りつぶしの際、松田は内務省大書記官で、「文官」だったが、警察部隊と国軍兵士を指揮する権限を持つ「武官」の地位も与えられていた。中でも警察部隊は中核的存在だった。熊本鎮台兵が平民でつくられていたのに対し、警察部隊は戊辰《ぼしん》戦争や西南戦争での実戦経験をもつ旧士族で構成された当時最強の特殊部隊だったからだ。

松田は、琉球派遣の目的を随員にも全く秘密にし、任務完了まで身内と連絡を取り合うのも禁じ、情報が内外に漏れないよう管理を徹底した。

王国滅亡の衝撃は大きかった。対応策を協議するため、中城御殿、首里・那覇の学校などには朝晩、士族が集まった。議論は熱を帯びた。

政府は4月4日、琉球藩を廃し沖縄県を置く旨を全国に布告し、5日、鍋島直彬《なおよし》（元鹿島藩主）を県令に任命した。これに先立ち、松田は2日、旧三司官に「旧藩王が士族・民衆に対し、新政に服するよう布告するのは義務だ」と命じた。

「琉球処分」を断行した松田道之処分官（前列中央）ら一行
（沖縄県公文書館所蔵）

この松田の命令に対し旧三士官は、「藩王は何の面目《めんもく》があって布告できようか」と拒否した。「士族一致団結し、日本の命令を拒絶し、清の援軍を待つべきだ」。旧三司官らは士族たちと協議した結果、こう決定した。旧役人層も公然と協力を拒んだため、新県政の業務は滞った。

首里城占拠後の松田には主に二つの課題があった。一つは、琉球の藩政を新県政に引き継ぐことで、もう一つは尚泰王の東京転居だ。行政引き継ぎに手こずる中、松田は尚泰王移住こそ優先すべき最大の課題であり、実現すれば「万事好結果を生む」と考えた。王を東京に〝拉致《らち》〟することで、旧指導層のよりどころを奪い、抵抗の基盤を崩せるとにらんだからだ。

旧役人らは、尚泰王が神経症を患《わずら》っていることを理由に、松田や内務省出張所に対し転居の延期をしつこく嘆願した。

松田は策略を思いつく。政府に延期を直接嘆願するために世子《せいし》（王の後継ぎ）の尚典《しょうてん》を上京させれば、政府も親子の情を酌《く》んで許すかもしれないと教唆《きょうさ》誘導し、琉球側から尚典上京を請願させた上でこれを認め、上京した尚典には政府が東京滞在を命じる形で、尚典を拘留する——というシナリオだ。尚泰転居の一定の猶予《ゆうよ》と尚典上京を認めることで、琉球側に恩を売った形にし、その間に行政継承への琉球側の協力を取り付ける「一挙両得」を狙った策だった。

尚典は4月27日に東京へ出発。5月6日、東京に着くと政府に嘆願書を出したが、即日却下され、松田のシナリオ通りに拘留された。

4月28日。松田は尚泰王や旧三司官に、行政引き継ぎ事務の実施や新県政への服従を役人らに命じるよう催促する。しかし役人らの不服従は変わらず、抵抗運動は一層拡大する様相を呈していた。毎日、集会を繰り返し「清《しん》の援軍を待とう」と気勢を上げる旧役人らに対し、松田はついに集会の全面禁止を命じる。

一方、尚泰王は追い詰められた。尚典が東京で拘留された上、出発期日を申し出るよう松田から厳命を受けたからだ。悩み抜いた末、ついに上京を決意する。5月27日、尚泰王は旧役人ら多数に見送られながら那覇港から東京へ向かった。

＊血判誓約書による抵抗運動

「清（中国）は必ず援軍を出すぞ」。廃琉置県から2カ月後の一八七九年6月。2年前に中国へ密航した亀山親雲上《ぺーちん》は、福州に漂着した琉球船に便乗して帰国した際、出迎えた仲間たちにこう報告した。新県政への非協力（ボイコット）を継続していた仲間たちは涙を流して喜び、不服従への誓いを新たにした。

これに怒った鍋島直彬《なおよし》県令（知事）は亀山を拷問にかけ、中国での行動を白状させた。亀山は獄死した。伊藤博文内務卿《きょう》は中国亡命を厳重に取り締まるよう命じていた。松田道之処分官は本島や離島の主な港すべてに警官を送り、警備を徹底した。

琉球社会の指導層（旧役人）は、首里城を奪われた後も、これまで通りに地方農村から税（貢租《こうそ》）をひそかに徴収するなど中城御殿《なかぐすくうどぅん》を拠点に、従来の行政機構を機能させていた。中国亡命琉球人の働きかけによる援軍に王国復活の望みを懸ける一方、琉球内では農民を巻き込んだ島ぐるみの抵抗運動を展開した。

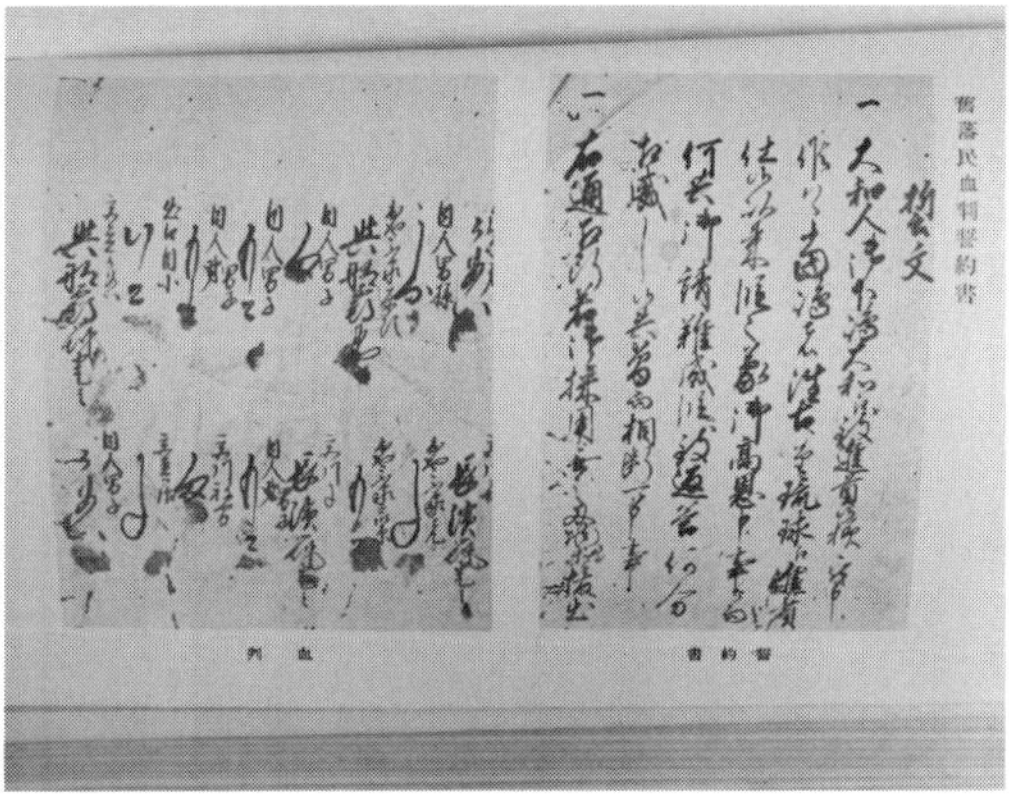

廃琉置県への抵抗を呼びかけた誓約書と血判書（沖縄県立図書館所蔵、伊波普猷著『琉球古今記』刀江書院より）

尚泰王が東京に連行され、主《あるじ》不在の中で求心力の軸となったのは、指導層らによる血判《けっぱん》誓約書だ。「新県政に勤め、給与を得たら、斬首《ざんしゅ》する。反抗し命を落としたら、家族を養う援助をする」。誓約書はこう厳しく命じ、大和《やまと》人との交際や物品授受などを禁じた。旧高官は離島や地方の役人とひそかに連携してこれを配った。抵抗運動は瞬《また》く間に琉球全土に広がった。

政府は、この運動が中国亡命を勢いづかせ、ひいては外交問題に発展し、中国と戦争になるのを最も恐れた。士族への〝アメ〟として、地位や給与を与える「旧慣温存《きゅうかんおんぞん》」策を打ち出していたが効果はなく、運動は激化する一方で、宮古《みやこ》島では暴動に発展した。新設の派出所に雇われた地元人を、誓約違反だとして集団で殺害する事件（サンシー事件）が起きたのだ。

これをきっかけに政府は、警察力の〝ムチ〟による大弾圧に乗り出す。

8月18日。警官数人は中城御殿に押し入り、勝手に税を徴収したとして旧物奉行らを逮捕、次々と役人らを拘束し、100人余を拷問にかけた。両手を縛り、はりにつるし、棒で殴った。皮膚や肉が破れた痛さで泣き叫ぶ声が獄外に響き、人々を震え上がらせた。農民層には、中国の援軍に期待するが「待ちくたびれて日本に従うしかない」との諦《あきら》め感が広がった。

旧役人逮捕拷問から約1カ月後の9月14日、旧三司官の富川親方盛奎《せいけい》と浦添朝昭《うらそえちょうしょう》は警察署を訪れ、全員の釈放を請うた。警察は旧役人の連署で嘆願書を提出させ、全員を釈放した。富川、浦添はついに県庁顧問官の職を引き受ける。

弾圧は各地に及ぶ。屋部《やぶ》村（現名護市）の住民が、拘束された岸本地頭代《じとうだい》を奪い返そうと棒やナタを持って警察分署に向かうが、報復を悟り引き返した。岸本は拷問の傷が原因で2カ月後に死亡した。

石垣島では警察の高圧的態度に激高した群衆が手笛を吹き鳴らしてカマやナタを手に役所を包囲、暴動寸前に石垣頭《かしら》職が制止した。拷問を受け政府に服従を誓った渡喜次《ときし》八重山在番《やえやまざいばん》は、船から投身自殺した。

＊中国への亡命と救国運動

廃琉置県実行のため松田道之処分官が横浜港を出航して2日後の一八七九年3月14日。寺島宗則《むねのり》外務卿《きょう》は福島九成《きゅうせい》・在清アモイ日本領事宛てに指令を出した。「支那（中国）に軍艦を差し向け、琉球の密航船を差し押さえる。琉球人が支那の船に乗り、上陸した際はひそかに動きを探り報告せよ」
5月24日、巡洋艦・日進《にっしん》は上海に至り、沿岸各港を回って福州《ふくしゅう》・アモイへ寄港し水際《みずぎわ》作戦を展開した。中国事情通の曽根俊虎《そねとしとら》も乗船、中国人に変装し、情報を収集した。だが中国官憲に見破られ、偵察は失敗する。曽根はまた中国人2人を雇い、福州の琉球館内の様子を探らせたが、そのスパイ行為がばれて2人は逮捕された。

その後も政府は、ジョン・ピットマンという名の外国人を雇って中国へ送り、機密情報を収集させた。ピットマンは、地元報道機関よりも早く林世功《りんせいこう》の自決（後述）情報をキャッチした。

中国亡命派の琉球人ら（田名弘氏提供／那覇市歴史博物館所蔵）

日本政府は、琉球最初の中国密航者、幸地《こうち》親方《うぇーかた》朝常《ちょうじょう》（向徳《しょうとく》宏《こう》）が七六年に琉球を出発した時から、中国に陸軍中尉を派遣、中国人スパイを雇うほか、在清フランス領事をも利用して情報網を強化し、亡命琉球人を監視した。

琉球での亡命取り締まりは厳重を極めたが、警備網をくぐり抜ける亡命者は後を絶たず、幸地以来、二十数年間で延べ数百人が中国との間を往来した。武力を持たない琉球士族の最大の理論武装は「国際的信義」だった。一八九四年の日清戦争で中国が敗北するまで、家族や私財を投げ打ち、可能な限りの抵抗の手段を尽くした。

明治政府の監視網だけでなく、中国当局の対応も厳しかった。中

亡命琉球人を取り締まる水際作戦のため、中国沿岸に派遣された巡洋艦「日進」（インターネットより）

国は国際的地位の低下に加え、フランスと戦争状態にあり、日仏連携を恐れて琉球への対応はずっと消極的だった。中国朝廷は日本は同盟国だとして南京《なんきん》に潜入した琉球人3人を逮捕させた。

ただ、琉球人の周辺には理解者も少なくなかった。逮捕された琉球人3人中2人は脱獄したが、その報告を受けた両江総督《りょうこうそうとく》・沈葆楨《しんほてい》は、もう1人も釈放せよと命じる。「藩属国たる琉球が日本に滅ぼされ、琉球人は清に救援を頼みに来たのに保護できないばかりか、日本へ引き渡すのは情《じょう》義《ぎ》に忍びない」と、国事犯脱獄の責任を引き受けたのだ。

地方当局も同様に対応した。幸地や国頭盛乗《くにがみせいじょう》（毛精長《もうせいちょう》）が国法を犯して中国風の髪形（辮髪《べんぱつ》）にして要請行脚《あんぎゃ》した時も福建当局は黙認した上、上海当局に保護を要請している。中国の実力者、李鴻章《りこうしょう》は、琉球分割《ぶんかつ》条約の予備交渉で日本側が幸地に言及した際、驚いて日本官憲の強制捜査に備え、幸地を保護するよう指示している。多数の琉球人に生活費も支給された。

日清戦争まで外交の水面下で生き続けた琉球分割条約案復活への動きをけん制する役割を、救国運動は果たした。中国内では琉球への援軍派遣案も浮上したが、フランスとの戦争などを背景に、日本との武力衝突回避が優先された。

3 「処分」をめぐって

＊「両属」をめぐる日中の見解

中国は一八七九年5月10日、「廃琉置県」を内外に宣言した日本政府に対し抗議文を送り、議論の応酬《おうしゅう》を繰り広げた。このとき、琉球の問題が初めて日中の本格的な紛争問題として公式の場に浮上した。この中で、中国側は、琉球は日中「両属」との認識を初めて表明した。議論の内容はこうだ。

中国「琉球は日本専属よりも、日本にも中国にも属する国だと見た方が事実に近い。琉球王を冊封《さっぽう》（王として認証）するのは琉球を一国と認めているからだ。清国《しんこく》が内政に干渉しなかった点では琉球は自主の国だ」

日本「いや違う。島津氏の征討《せいとう》以降、琉球は名実ともに薩摩《さつま》支配下の所領だ」

中国「それは一六〇九年だが、琉球は一三七二年から明《みん》に朝貢《ちょうこう》している。琉球に関する要求の権利はわが国の方が古い」

日本「要求権の後先を言う前に、中国と琉球の朝貢冊封関係は虚文空名《きょぶんくうめい》にすぎない」

議論は平行線をたどった。五〇年代に琉球が締結した、米仏蘭三カ国との修好条約についても意見は対立した。

中国「条約は琉球が一国をなすことを締結国が認めた証《あか》しだ。条約では清の年号や暦、文字を使っている。清にも属することの例証だ」

日本「現地の事情を知らない外国が、その権利を有すると偽った小島の君主と条約を結んだもので、一国と認めたことにはならない。清の暦も土地の帰属とは関係ない。条約の継承は日本と各条約国との関係であり、清は当事者ではない」

琉球の地理、文化、王統などをめぐっても、日中双方は「自国の方に近い」と譲《ゆず》らなかった。

この間、中国では前駐英公使の郭嵩燾《かくすうとう》が「国際会議を開き、琉球の独立を承認させ、率先して琉球の朝貢を免除すべきだ」と提案し、中国政府から一定の評価を得たが、採用されなかった。

「ちゃんと議論すれば大した問題ではない」。中国政府はあくまでも日清提携路線を崩さず、交渉による解決を望んでいたため、日本側にこう告げていた。琉球側が援軍を求める必死の嘆願は、中国の外交路線と国益の前に退《しりぞ》けられていた。

＊「処分」に込められた意味

自分の考えに固執して視野が狭く、正しい判断ができないさまを指す「頑迷固陋《がんめいころう》」であり、明治政府は抵抗をあきらめない琉球人の党派を「頑固《がんこ》党」と名づけ、琉球救国のため中国（清国）に亡命した琉球人を「脱清人《だっしんにん》」と呼んだ。いずれの言葉も明治政府が救国運動を懸命に繰り広げた琉球人指導層らを「反逆者＝犯罪者」と決めつけて貼ったレッテルだ。

「琉球処分」という言葉は、でっち上げた天皇との〝君臣関係《くんしん》〟を根拠としている。中国との外交禁止や裁判権移譲などに従わず「天皇の命令に背《そむ》いた」として、一方的に罪を琉球にかぶせ、王国を葬《ほうむ》り去る政府の意図が、「処分」の二字に含まれている。

当時、日本の言論は政府の意図を正当化し、助長する論調が主流だった。一八七九（明治12）年1月10日付の「朝野《ちょうや》新聞」は、琉球を奴隷《どれい》と見なす蔑称《べっしょう》を使って批判した。救国を訴える琉球人を「甚《はなは》だしいかな、琉奴《りゅうど》のわが日本帝国を蔑視《べっし》するや」と罵倒《ばとう》し、「琉奴討《う》つべし」との論陣を張った。

廃琉置県直後の七九年4月17日付「かなよみ」新聞は、中国との朝貢関係に頼る琉球を「ばかさは甚だしい極点」と批判し、「頑固固陋の諭《さと》し難き」琉球人は「くそをたれた愚犬が飼い主の手をかむのと同じ」と見下した。

少数派ながら「処分」反対の潮流もあった。民権派の植木枝盛《えもり》は八一年3月の「愛国新誌」で「琉球の独立せしむべきを論ず」という論説を発表、明治政府の琉球分割案を批判した。日中間の琉球問題は世界の平和とアジアの連帯の方向で解決するべきだと説いた。

欧米列強メディアの論調は、一方的「処分」は国際法違反と見なして不当だとする論調と、日本を支持、容認する論調に分かれた。七九年12月12日付「ロンドンタイムズ」は「琉球の国家形態が、いつ、どのような状況で消滅したかを日本国はいまだに説明していない」と指摘し、説明責任を果たすべきだと強調した。

琉球の抵抗に共感する人々もいた。大国のはざまで生き残りを図る朝鮮、ハワイ、ベトナムなどの小国の指導者たちだ。

朝鮮の官吏は、中国（清国）の第二代駐日公使に就任する黎庶昌《れいしょしょう》に会い、廃琉置県を批判し、琉球問題をどう解決するのかと詰め寄った。ハワイ国王カラカウアは世界一周旅行中に中国の実力者・李鴻章《りこうしょう》らを訪問、随行の米国人顧問を退《ひ》かせ、琉球問題をめぐる日中の調停役に意欲を示した。フランスの植民地支配下にあったベトナムでは、解放を志したファン・ボイチャウが『琉球血涙《けつるい》新書』を著《あらわ》し、琉球の悲しみをベトナムと重ね合わせた。

琉球併合は国際問題化し、活発な議論を巻き起こした。それでも明治政府はあえて「処分」という言葉を使い続けた。琉球併合を国内問題に矮小《わいしょう》化し覆《おお》い隠す姿勢がそこに表れていた。

政府の姿勢は、琉球併合の国際法上の位置付けなどについて説明責任を果たさない今も変わらない。「琉球処分」「頑固党」「脱清人」などの言葉を「処分官」の目線で無批判に使うことへの検証が求められている。

＊琉球分割案に見る日中両国の思惑

「琉球国が米国と独自に条約を結んだ事実は、清（中国）が日本と交渉する際も、琉球を独立国として認めなければならないということだ」

一八七九年６月12日、天津《てんしん》。中国の李鴻章・北洋大臣との会談で、グラント前米大統領はこう勧告した。琉球の「所属」問題で日中の緊張が高まる中、中国は外遊中のグラントに交渉の仲介を頼んだ。席上、李はこう問い掛けた。

「米国と琉球国との間で結ばれた修好条約の存在を考えた時、米政府が琉球を一つの独立国家と見なしていたのは疑う余地はない。日本政府による琉球処分を思うと、他国による政治的干渉であり、国際法の概念に抵触するのでは？」

この返答として、グラントは冒頭の見解を述べたのだ。米中双方とも「琉球処分」を国際法上、問題視していた。

会談で李は、琉球は中国の「属国」と強調する一方、自治権を認め、長年、友好的な朝貢《ちょうこう》関係にあったと主張した。一方で、広大な海域を占める琉球列島が日本の所属になれば「貿易上の一大脅威」になるとして、日本が台湾の目前まで迫ることへの危機感も表した。

6月21日。グラントは日本を訪れ、8月までの間、伊藤博文内務卿《きょう》や天皇と会談した。グラントは「琉球処分」に至った日本側の説明に一定の理解を示しつつ、日中提携の必要性を強調した。その上で琉球を分割する交渉を示唆《しさ》した。

「琉球諸島の境を分割し、太平洋に出られる広い海路を与えれば、清は承諾するだろう」

日本はこの琉球分割案を、長年の課題だった日清修好条規の改定問題と絡《から》ませた。これまで列強との不平等条約の改定を狙い、そのテコとして、日本を列強並みに処遇する「最恵国待遇」を認めるよう、中国と何度も交渉していたが、拒否されていたのだ。

一八八〇年4月17日。日本は同条規に「最恵国待遇」条項を加え、欧米諸国並みの中国内地通商権（中国の内陸部に入って通商交易ができる権利）を得る代わりに宮古《みやこ》・八重山《やえやま》（合わせて先島《さきしま》と呼ぶ）を中国に割《かつ》譲《じょう》する案を閣議決定した。

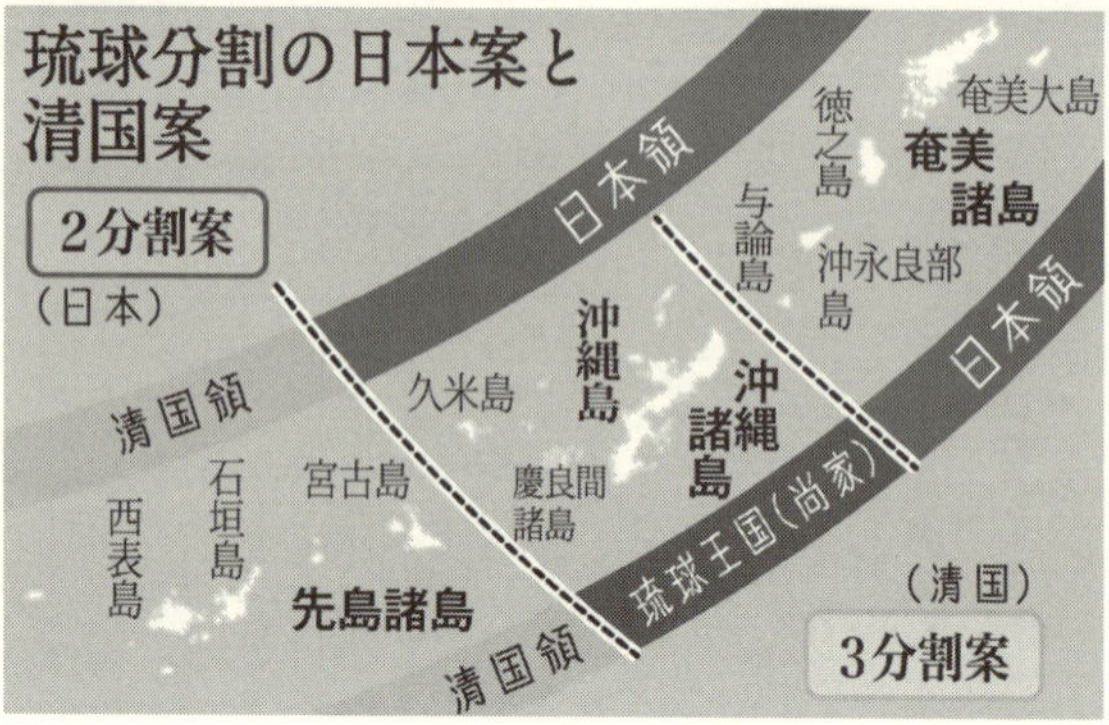

これに対し、琉球国の復興にこだわっていた中国側は、沖縄本島を中心とする沖縄諸島に琉球国を復活させ、先島諸島を中国領土とし、奄美《あまみ》五島は日本領とする琉球三分割案をグラントの提案であるかのようにして持ち出した（上図参照）。

しかし日本側はこれを強く拒否した。交渉の結果、日中は10月21日、最終的には日本側の条約改定・二分割案で合意し、10日後の調印を待つに至る。

日本政府は「廃琉置県」からまだ約1年しかたたないのに「琉球はわが所属」とする「置県処分」の前提をみずから覆《くつがえ》し、中国市場からの利益と引き換えに琉球の一部である宮古・八重山を中国に引き渡す案を提起したのだ。それに対し中国側も、自国へ朝貢する「属国」としての琉球王国を先島に再建して、大国のメンツを保つために分割案に合意したのだった。琉球は完全に〝外交の具〟にされた。

一方、米国は当時、英国やロシアなどの大国に対抗するため、東アジアで日中提携を軸にした勢力図を構想、そこに介入することで利益誘導を狙っていた。

これらの政治・外交の思惑が交差する中で〝琉球の声〟はかき消された。

＊分割案を葬った〝抗議の自決〟

一八八〇年10月31日、ついに約束の日を迎えた。宮古、八重山を中国（清国）に、沖縄本島以北を日本に分割する琉球分割条約の調印日だ。ところがこの日を過ぎても中国側はなかなか調印に応じない。いら立つ日本側の催促にも、ひたすら回避し続けた。

調印回避の裏側には、中国に渡った琉球人の懸命な救国請願運動があった。中国側は、割譲される先島に琉球王国を再建するつもりで、旧国王の尚泰《しょうたい》やその子息の引き渡しを要求した。しかし、日本側はこれを拒否し、中国に亡命した幸地《こうち》親方朝常《ちょうじょう》（向徳宏《しょうとくこう》）に即位させたらどうかと示唆した。

そこで中国の実力者・李鴻章《りこうしょう》は幸地に国王即位の意思があるか確認した。ところが幸地は、琉球二分割案自体に断固反対する決意を表明した。幸地の固い決意に李は態度を急変させ、北京で交渉中の担当大臣に条約調印の延期を申し入れた。だが時すでに遅く、日中は条約の内容について折り合い、調印日まで約束していたのだ。

在中国琉球人は調印阻止のため決起した。琉球分割案の合意前後に、北京滞在中の国頭盛乗《くにがみせいじょう》（毛精長《もうせいちょう》）、蔡大鼎《さいだいてい》、林世功《りんせいこう》らは、日中の交渉経過の情報を入手して危機感を募らせ、中国当局への請願を繰り返し「琉球分割は琉球滅亡と同じだから断固反対だ」と訴えた。

11月20日。陳情特使のひとり、林世功は重大な決断をする。「調印以前に決死の請願を試みて回天《かいてん》を期す」。午前8時、自決して果て、38歳の人生を終えた。

中国当局は〝抗議の自決〟に大きな衝撃を受けた。当局は、林を救国の大義に殉じた「忠臣《ちゅうしん》」と評価し、銀３００両を与えて北京の張家湾《ちょうかわん》に丁重《ていちょう》に埋葬させた。

琉球の救国の訴えにより、条約調印はいったん回避されたが、明治政府はその後も、尚泰や嫡子《ちゃくし》・尚《しょう》典《てん》を中国に引き渡す方針を示すなどして調印を迫る。欧米並みの中国内地通商権を得るための日清条約改定と引き換えに先島《さきしま》を割譲する琉球分割条約の成立にこだわった。

一方、尚泰が滞在する東京。琉球分割、先島への王国再建について、駐日清公使の何如璋《かじょしょう》は東京居住の琉球人の意向を打診した。この情報は直ちに琉球現地の指導層へも伝えられた。在京琉球人、現地琉球の指導層は賛否に分かれ論争を繰り広げ、最後は「断固反対」でまとまった。尚泰も反対を表明した。

中国への請願使節として富川親方盛奎《せいけい》を選ぶ。沖縄県庁顧問官に就任していた富川は「親日派」とみられていたが、最後の三司官《さんしかん》のひとりとして琉球分島阻止の使命感に突き動かされ、顧問官を辞任、自らの任務を家族にさえ打ち明けず、一八八二年4月、ひそかに中国へ亡命した。以後、富川は8年間の救国運動の末、再び琉球の地を踏むことなく客死する。

＊「旧慣温存」という名の差別政策

「廃琉置県」2年後の一八八一（明治14）年に文部省唱歌に指定され、今も学校の卒業式などで歌われる「蛍の光」。今は歌われなくなった3、4番の歌詞はこうだ。

3　筑紫《つくし》の極《きわ》み、陸《みち》の奥、海山遠く、隔《へだ》つとも、その真心は、隔て無く、一つに尽《つ》くせ、国のため

4　千島《ちしま》の奥も、沖縄も、八洲《やしま》の内の、護《まも》りなり、至らん国に、勲《いさを》しく、努めよわがせ、つつがなく

北は千島列島から南は沖縄まで領土を広げた日本の国家像と国家への忠誠心を子どもたちに植え付ける

意図がうかがえる。

「沖縄をわが日本帝国の南門となす」。一八八六年3月、内務大臣の山県有朋《やまがたありとも》は琉球諸島などを視察後、復命書《ふくめいしょ》で「国防の要《かなめ》」を唱え、沖縄の軍備強化を提言した。翌4月、日本海軍は国防戦略で、沖縄を最も重要な軍備対象の一つに位置付ける。

琉球の問題が日中関係の火種としてくすぶり続ける中、八七年2月には森有礼《ありのり》文部大臣が、11月には伊藤博文首相が陸・海両軍の大臣を伴って来県、軍事視察した。視察は、日清開戦を想定、清（中国）への救国請願運動を続けている琉球人対策の狙いもあった。

廃琉置県後、明治政府にとっての沖縄の価値は、中国の内地通商権を得る代わりに先島を譲渡する分割条約の提案にみられるように、国益の道具としての意味合いが強い。それに加えて日中間の緊張が高まると、本土の防波堤となる領土としても重視されるようになる。

こうした存在である琉球を当面安定的に手中に収めておくために政府が採用したのが「旧慣温存《きゅうかんおんぞん》」という名の植民地政策だった。対中国外交で不利な材料となる救国運動をやめさせるため、士族層に給与・地位を与えて手なずける一方、農民にとって過酷な旧王政の徴税制度を利用して、より大きな利益を吸い上げるための政策だった。宮古、八重山では過酷な人頭税《じんとうぜい》も温存された。

山県有朋（国立国会図書館ＨＰより）

この「旧慣温存」政策は旧王政を尊重するようにみえるが、実態は差別政策で、他府県との格差拡大の大きな要因ともなった。

沖縄県は一九二〇年代まで、政府の補助金よりも多くの税金を納めた。例えば一九二一（大正10）年は補助金191万円に対し、納めた税金は743万円だった。日本の最貧県だったが、明治、大正期の租税負担は人口比で最も重かった。二四（大正13）年の国税納付額を人口などの類似県と比べると、鳥取約199万円、宮崎約226万円に対し、沖縄は約485万円、しかも国費事業は皆無《かいむ》だった。沖縄では重い税負担のために身売りせざるを得ない農民もいた。

第二次世界大戦以前の県令（知事）はすべて日本本土出身者が占め、県庁は職員のうち沖縄出身者は四分の一に満たず、その割合は減ることはあっても増えることはなかった。

本土では一八九〇（明治23）年に府県制が公布され、同時に第一回衆院議員選挙が実施されたが、沖縄での府県制施行は一九〇九（明治42）年で、最初の衆院議員選挙は一九一二年だった。

＊日本政府「植民地政策」の先がけ

一八九三（明治26）年6月25日、那覇の市街地。皇族で陸軍軍人の北白川宮能久親王《きたしらかわのみやよしひさしんのう》の来県を一目見ようと、大勢の人が集まった。総出で警備に当たった警部・巡査らは群衆に「拝観敬礼」を指示したが、群衆は反発、巡査に抵抗する人もいた。

調査のため沖縄を訪れていた青森県出身の探検家・笹森儀助《ぎすけ》は、日記にその様子を記している。皇族を敬う住民の心が希薄《きはく》であるのとは対照的に、旧王族の尚家《しょうけ》一族が道を通ると「地に伏す」ほど敬意を表す、と。

明治政府が沖縄統治で最初に重視した施策は、先に見た通り、抵抗勢力を生む士族層への監視だった。廃琉置県から3カ月後の一八七九年7月、那覇に沖縄警察本署を設置し、首里《しゅり》、那覇、久米島《くめじま》、宮古、八重山、羽地《はねじ》、東風平《こちんだ》、美里《みさと》などに次々と分署を置いた。

翌八〇年9月、県当局は巡査に一般住民の戸別調査をさせる。さらに、警察行政強化だけでは安心できない内務省は八二年4月、巡視官を設けて警察官を管理し、「警部・警部補巡視心得《こころえ》」を制定した。住民の日常生活が監視の対象となり、増えた囚人《しゅうじん》に対応するため監獄も建設した。

「旧慣温存」政策の下で生活に苦しむ農民を目の当たりにした第二代県令の上杉茂憲《もちのり》は、租税制度改革や教育の普及徹底を掲げるが、政府は「旧慣温存」に固執し、上杉県令を更迭《こうてつ》する。琉球問題をめぐって日中間の緊張が高まる中、士族や地方役人ら旧指導層の利害を無視して旧慣改革へ転ずれば、琉球救国運動の基盤を拡大させるとの危機感があったからだ。

第四代県令の西村捨三《すてぞう》は琉球人指導層主体の救国運動の取り締まりに全力を傾注し、旧王家の権威を利用して運動を分裂させる方策を進めた。東京にいた尚泰《しょうたい》やその長男・尚典《しょうてん》の一時帰郷を促し厚遇した。尚泰らは琉球人指導層に向けて明治政府・沖縄県政への恭順を説き、救国運動を批判した。

その結果、県当局の思惑通り、士族層の分裂が進んだ。県政容認派は「白党」「開化党」と呼ばれたのに対し、県政反対派は「黒党」「頑固党」と呼ばれ、白眼視《はくがんし》された。

地元住民を分断し、中央政府の統治を容易にする手法は、植民地統治の常套《じょうとう》手段である。明治政府の琉球併合とその後の沖縄統治策は、日本の領土膨張策の下、朝鮮や台湾などに対する植民地支配のモデルとなった。

廃琉置県を松田道之に指示した伊藤博文。後に韓国併合も手がけた（国立国会図書館ＨＰより）

例えば、台湾総督や朝鮮総督などの植民地総督は、文官と武官を兼ねて植民地守備軍の指揮権を持っている。これは琉球併合時、松田道之処分官に与えられた権限に由来している。後に「韓国併合」を手がける伊藤博文が、松田に権限を与え、指示したものだった。台湾などでの皇民化教育の実践も沖縄がモデルとなった。

「韓国併合」のニュースに接した歴史家の比嘉《ひが》春潮《しゅんちょう》は、日記にこう書いた。「知りたきは、わが琉球史の真相なり。人はいわく、琉球は長男、台湾は次男、朝鮮は三男と。ああ、他府県人より琉球人と軽侮《けいぶ》せらるる、また故《ゆえ》なきに非《あら》ざるや」

＊尚泰が「同祖」批判

一八五四年に琉球王国と修好条約を結んだ米国のペリーは、2年後、艦隊の公式報告書で、琉球の「所属」について見解を示した。

「日本の薩摩侯の属領だと言う者もあれば、中国の属領ではないかと言う者もある。日本国に属しているのはほぼ確実らしいが、中国に貢ぎ物を納めていることも疑いの余地はないため、いくらかは中国にも属しているだろう」

ペリーは言語や習慣などにもふれていて、それが「所属」の証明とは考えていなかった。琉球の住民がいかなる人種・民族的特徴を有していても、国境線の策定とは無関係と見なしていた。国際法には、国家と民族は切り離して考える国境原理があったからだ。実際、世界には多様な民族でつくる国家がある一方、同一の民族が複数の国家に所属する場合もある。

明治政府もそれを知っていた。そのため琉球併合を正当化する際、国際法が許さない「両属」不可能論を最大の理由にしつつ、日本（薩摩）と琉球の歴史的主従関係を主な根拠として「琉球問題は国内問題」と主張した。

寺島宗則《むねのり》外務卿《きょう》は、何如璋《かじょしょう》初代駐日中国（清国）公使にこう説明する。「中国と琉球との冊封《さっぽう》・進貢《しんこう》関係は形式的なものにすぎず、琉球は長く薩摩藩の支配下だったから、琉球を廃し沖縄県としたのはまったく日本の内政上の措置であり、他国とは関係ない」

だが、琉球分割案に示されたように、日本政府に「民族統一」の視点はなく、一貫性もなかった。

一方、中国だけでなく琉球も、「琉球処分」当時は「日琉同祖《どうそ》」論に批判的だった。

尚泰《しょうたい》は、英国の新聞記者にこう話している。「日本の書物には、神武《じんむ》天皇の時代にヤキ人が朝貢《ちょうこう》してきたが、これは琉球人であるとか、ヤニカシマは琉球のことで、琉球は昔から日本の領土だと主張しているが、ばかばかしい限りで反論する気にもなれない」

日清戦争後、日本本土で近代教育を受けた明治期の沖縄の青年知識人らが、尚氏を世襲の長とする特別自治制を求めて公同会運動を起こしたり、近代的地方制度の導入や参政権を要求したりして自由民権運動に乗り出す。しかし、いずれも政府に一蹴《いっしゅう》される。

その後、政府や県当局の強力な同化政策、とりわけ皇民化《こうみんか》教育によって、教育・文化の面で「日琉同祖」論が台頭し、新世代の沖縄知識人の間で「琉球処分」を歴史の必然として肯定的に受け止める認識の受け皿となる。それは「方言札《ほうげんふだ》」などで琉球の諸語や風習を排除して「日本人」を目指す「生活改善」運動と連動し、「差別解消」のための旗印になった。

民衆にまで浸透した同化志向は「天皇陛下万歳」と叫び「立派な日本人」として死ぬ、沖縄戦の戦場動員へとつながっていく。

III

沖縄「自己決定権」確立への道

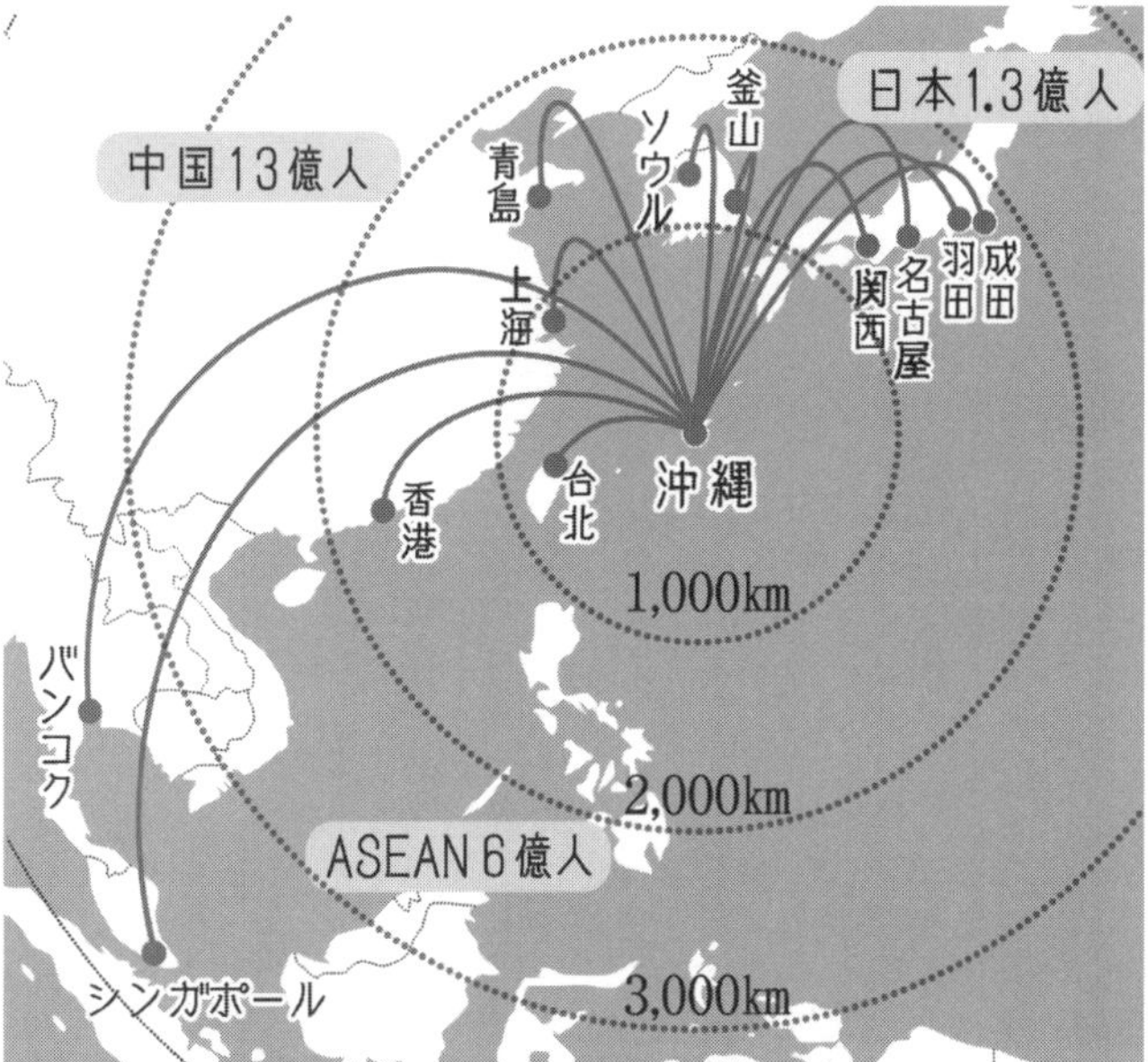

1　国際法から見る「琉球処分」

＊ウィーン条約法条約

前章まで、一九世紀後半における国際情勢の激動の中で、琉球の動きと日本政府に強いられた「琉球処分」（琉球併合）について見てきた。この「処分」を、今日の国際法研究から見ると、どのようにとらえられるだろうか。

結論からいえば、一八七九年の「琉球処分」について、今日の国際法研究者は、琉球国が米国など三カ国と結んだ修好条約を根拠に「国際法に照らして不正だ」との見解を示している。研究者は三条約締結の事実から「琉球は国際法上の主体であり、日本の一部ではなかった」と指摘する。その琉球に対し、軍隊や警察が首里《しゅり》城を包囲し、「沖縄県設置」への同意を尚泰王《しょうたいおう》に迫った日本政府の行為は、当時の慣習国際法が禁じた「国の代表者への強制」に当たるという。しかも、慣習法を成文化したウィーン条約法条約51条を基に、現在からさかのぼって主権＝自己決定権の保障を要求できるというのだ。

ウィーン条約法条約とは、条約に関する慣習国際法を法典化した一般条約のことである。一九六九年に国連で採択し、八〇年に発効している。日本は八一年に加入した。同条約51条は「国の代表者への脅迫や強制行為の結果、結ばれた条約（合意）」は無効と規定している。この規定は武力によって強制された琉球併合の時点で国際慣習法として成立しており、現代からさかのぼって適用可能とされている。韓国やハワイの併合条約も、首都や王宮が軍隊に包囲された中での合意のため、同条約に照らして無効と指摘されている。

では国際法を踏まえた研究者の見解に対し、日本政府はどう考えているのだろうか。

これについて、琉球新報は二〇一四年5月、外務省に質問書を出した。これに対する外務省からの文書による回答は、次のようなものだった。

「『琉球処分』の意味するところについては、さまざまな見解があり、確立した定義があるとは承知しておらず、外務省として確定的なことを述べるのは困難である」

曖昧模糊《あいまいもこ》とした回答だったが、明確に否定もしなかった。

国際法の観点から、「琉球処分」を「不正」とする見解を示しているのは、上村英明《うえむらひであき》・恵泉女学園大学教授と、阿部浩己《こうき》・神奈川大学教授（国際人権法学会理事長）だ。

上村氏は「『琉球処分』はウィーン条約法条約51条に違反している」と指摘する。併合によって主権を剥奪した後の沖縄への植民地支配、日米の地上戦で住民を巻き込んだ沖縄戦、米国統治、日本復帰後の米軍基地問題など、さまざまな人権侵害に対する責任も、51条を基に日米両政府に追及できると強調した。

その上で、琉米修好条約の「友好」の趣旨に基づき「日本政府が不正に琉球を併合したことを黙認した責任を米国に問い、謝罪を求めたり、基地問題解決に向けた琉米委員会の設置を要求したりすることもできる」とした。

実際、ハワイの先住民族はハワイ王国が欧米諸国と結んだ条約などを根拠に米合衆国が一八九三年に王国を併合した国際法違反の責任を追及、米国議会と当時のクリントン大統領が100年後の一九九三年に謝罪した例がある（詳しくは後述。108ページ）。

阿部氏は「日本は国際法上、合法的根拠がないまま琉球を不正に併合した可能性もある」と指摘した。

＊琉球新報社の質問と外務省の「回答」

日本政府は「琉球処分」の過程で琉球王国が一八五〇年代に、米国、フランス、オランダと結んだ三条約の原本を没収した。それは現在、外務省が保持している。琉球が他国と結んだ条約の原本を日本政府が保持している以上、国際社会の一員として説明責任が求められる。しかし、琉球新報の取材に対し、外務省は後述の通り「見解は困難」と繰り返すにとどまり、「琉球併合」の国際法違反の指摘にも反論はしなかった。

琉球新報は三条約への認識など九項目について質問したが、外務省は、いずれも確定的な見解は「困難」と答えた。三条約が国際法の対象となるかどうかの認識については「日本国としてこれら各国との間で締結した国際約束ではない」という回答だった。「琉球処分」の国際法上の根拠についても『琉球藩（王国）』をめぐる当時の状況が必ずしも明らかではない」という、回答とはいえないような回答だった。

三条約の原本を保持している理由や経緯、法的根拠、原本を没収した後の効力の有無や内容順守などの扱い、条約当事国への説明などのやりとりについても「経緯が必ずしも明らかではない」として内容に対する回答を避けた。一九三四年（昭和8年）に外務省条約局が編集した旧条約集「舊條約《きゅうじょうやく》彙纂《いさん》第三巻（朝鮮・琉球）」に三条約が掲載されている理由についても、同様な回答だった。

こうした外務省の回答について、上村英明教授は「外務省の姿勢は『琉球処分に関する歴史認識には触れたくない』というものだと考えられる。しかし、この歴史認識が現在、沖縄が抱える問題の基礎となる以上、きちんと政治問題にして説明すべきだ」と指摘した。

上村氏と同じく国際法・国際人権法の研究者である阿部浩己氏の見解は以下の通りである。

《上村英明氏（恵泉女学園大学教授）の見解》

強制的併合によって琉球を「国内の一部」として沖縄県を設置した事件は、琉球人という権利主体にとって極めて不当な出来事だった。そのことを踏まえれば、琉球人は「沖縄県民」であり、「日本国民の一部にすぎない」という枠組みそのものの不当性が分かる。

日本政府は琉球と「国内関係」にあることを装い、強制的併合の本質を隠した。政府は中国や朝鮮よりも琉球は「扱いやすい」と考え、国家間の「条約」ではなく、国内向けの「通達」という形で併合への同意を迫った。

しかし、その「通達」は琉球の認識からすれば琉米条約のような条約と基本的に変わらない。「主権を保持している」という認識が琉球側にあったからだ。

「琉球処分」は国内問題ではなく国際問題であり、植民地化だ。米軍基地問題に見られるように、琉球人の決定が日本政府によって覆《くつがえ》される植民地状況は今も継続している。

日本政府は琉球を国際法上、不正に併合し、その過程を米国は黙認した。琉球人は琉米条約の「友好」の趣旨に基づき、米国に対し責任を追及することができる。その後の沖縄戦や米軍統治、日本政府との談合による軍事基地の維持・拡張の責任も、さまざまな形で追及することができる。

《阿部浩己氏（神奈川大学教授）の見解》

日本国は自国の一部ではなかった琉球王国を強制的に併合した。その国際法的根拠が、兵士や警察によって首里城を包囲した時の「合意」だとすれば、ウィーン条約法条約51条に成文化された「国の代表者への強制」に当たり、「合意」は無効だ。

沖縄が「国際的合意は有効に成立していなかったので、『琉球処分』を合意による併合として正当化することはできない」と主張することは、国際法上の議論としておかしくはない。

実質的には、当時の国際法が容認していた「征服」に近いかもしれないが、「征服」は戦闘行為を経た結果を指すものだ。「琉球処分」は戦闘がなかったことを考えると「征服」の法理でも説明しきれない。国際法上の合法的根拠がないまま、日本は領域を取得したと言わざるを得ない。国際法上、不正と言える。

発端となった出来事（琉球の併合）に不正があったとしても、各国が黙認したので合法性を得たとの見方もあり得るかもしれない。

しかし、今日では過去の不正義の是正を求める潮流にあり、人権や自己決定権の重みが増している。そんな中、過去の不正にふたをして事足りるという議論は、国際社会一般では正当性を持ち得ない。

＊自己決定権追求の基礎となる国際法

「琉球処分」は国際法に照らして「不正」とする研究者の指摘は、沖縄の主権＝自己決定権を考える上で大きな意味を持つ。日本政府に「併合」の責任を追及することは、国際法上、「併合」で失った主権の回復要求とセットにできるからだ。「琉球処分」は「不正」という認識は、沖縄の自己決定権追求の重要な根拠となり得る。

松田道之《みちゆき》処分官が率いる武装警官160人余、兵士約400人が首里城を囲み、尚泰王《しょうたいおう》に「沖縄県設置」を通達し、強制的に合意を迫った。このような「琉球処分」の実相を、国際法研究者らはウィーン条約法条約51条が禁じた「国の代表者への強制」に当たると指摘する。

国連での議論の中で、51条の規定により、国際法上「不当」とみられる「併合」は「韓国併合」など四事例があるとされる。

一九一〇年の「韓国併合」では、日本の軍隊が韓国ソウル市を厳戒態勢で警備する中、強制的に条約調印させた国際法違反だとして、韓国は国連に条約の無効を訴えた。アジア史研究では、「韓国併合」と「琉球併合」の様相は近似しているとの指摘がある。どちらの「併合」も伊藤博文《ひろぶみ》が主導した。

国際法に違反した国家は違法行為の停止、真相究明、謝罪、金銭賠償などの義務を負う。琉球併合の場合は「自己決定権の行使を沖縄に保障するなどの観点から、今日的議論につなげられる」と国際法研究者は指摘する。

近年、米軍普天間《ふてんま》飛行場返還・移設問題をはじめとする米軍基地問題との関わりで、沖縄の主権＝自己決定権をめぐる議論が高まっている。「琉球併合は国際法上、不正」という訴えの根拠となる琉米修好条約など三条約は、単なる過去の史料ではなく、新しい沖縄を築く上で貴重な材料になる。

＊「脱暴力」「脱差別」「脱植民地」の世界的潮流

二度にわたる世界戦争をへて、国際法は戦争を「違法」とし、平等を基本理念とする法体系へと発展する。そこから脱暴力の潮流が生まれた。第二次世界大戦を機に国際連合（国連）がつくられ、その最も大切な目的の一つに「人権擁護」が掲げられる。国連は暴力によって支配を広げていく植民地主義を認めない方針を表明した。

一九四八年には「世界人権宣言」、六〇年には植民地独立付与宣言が国連で採択され、植民地支配の違法性が明確になった。これを受け、琉球政府立法院は六二年、国連憲章や植民地独立付与宣言に基づき、米国の琉球統治は領土不拡大と「民族自決」の原則に反するとした「施政権返還要求に関する決議」を可決し、当時の国連加盟国104カ国に送付した。

国連が六五年に採択した「人種差別撤廃条約」は、人種や皮膚の色、種族的出身を理由とするあらゆる差別を禁じた。

その流れの中で先住民族は、自らの政治的、経済的、社会的、文化的在り方を自ら決める「自己決定権」を主張するようになる。自らの命運に関わる中央政府の意思決定過程に参加することができ、それが著しく損なわれた場合、独立を主張することができる権利だ。

これは、国に与えてもらう権利ではなく、国際法で保障されている当然の権利だ。例えば、自分たちの居住地で大規模に土地が接収されたり、基地の建設などが行われたりする時は、その意思決定過程に参加するのみならず、拒絶の意思を、国際法を用いて主張することができる。

こうした潮流とあわせて、近年、歴史的不正義をどう扱うかという問題が国際社会に広がった。西洋諸国が世界で行ってきたさまざまな不正義、植民地支配に対する告発の動きが活発化する。

二〇〇一年、南アフリカ共和国で開かれた反人権主義・差別撤廃会議で採択されたダーバン宣言は、植民地支配の責任を追及し、過去の不正義を是正しなければ未来はないと明確にうたった。これを機に過去の不正義をただす潮流が生まれ、侵略国が不正義の事実を認め謝罪する動きが盛んになる。

この流れは東アジアにも及ぶ。二〇一一年8月、韓国の憲法裁判所は「慰安婦」問題は未解決だとして、日本と再協議するよう韓国政府に求める判決を下した。続いて一二年には、日本の最高裁判所に当たる韓国大法院が、日本の朝鮮半島支配は違法だったとする判決を出した。

だが日本は、こうした潮流に対応しきれていない。対内的には、琉球王国や、アイヌ民族が生活していた北海道について、日本政府は「植民地」と認めたことはなく、琉球が日本の領土にどう編入されたかも明確に説明したことはない。国際法上の根拠も不明なままだ。

沖縄県内では、こうした政府の姿勢を追及し、国際法で保障された自己決定権を求める動きが活発化している。

琉球弧の先住民会は毎年、国連機関に会員らを派遣し、琉球人の被害状況を訴え、世界の人々とのネットワークをつくってきた。その結果、国連人権差別撤廃委員会は二〇一〇年、琉球人を先住民族、独自の民族と認め「米軍基地の押し付けは人種差別」として日本政府に勧告するに至った。ハワイ大学留学経験

ハワイ王国を滅亡させたことへの謝罪決議にサインする、当時のクリントン米大統領（インターネットより）

者でつくるオキスタ107も、ハワイやグアムの先住民族の脱植民地化運動に学び、琉球の自己決定権の保障を求めている。

＊ハワイ先住民に謝罪した米大統領

ハワイの先住民は、ハワイ王国時代に欧米諸国と「条約」を結んでいたことを根拠に、米政府に対して、王国の「併合」や植民地化への責任追及を続けている。

併合から100年後の一九九三年、米国議会はハワイ王朝を不法に打倒したことを公式に認める謝罪決議を行った。同年11月23日のハワイ王朝転覆100周年式典では、ビル・クリントン米大統領（当時）がその決議にサインした。

謝罪決議は「ハワイ先住民の自己決定権が侵害されたことを謝罪する」と明記している。王国打倒を「悪事」と承認したのは、米合衆国とハワイ先住民の和解のためだとしている。ただし米政府が過去の責任を認めたことが評価されたが、先住民への土地返還や主権回復の課題は残る。

長文にわたる決議文は、ハワイ王朝の歴史と、それを打倒した米国の関与を詳細に記した。その中で「ハワイ先住民は極めて高度に組織され、洗練された言語、文化、宗教を保有していた」とハワイの独自性を指摘し、「一八二六年から九三年まで、合衆国はハワイ王国の独立を認識し、ハワイ王国との間に、通商と航海に関する条約を締結した」と記述した。

その上で「一八九三年1月17日、合衆国政府はハワイ王国の主権と独立を侵害し、合衆国市民を含む非ハワイ人居住者でつくる少人数のグループとの間の共謀により、固有で合法的なハワイ政権の打倒を企てた」と不法性を認めた。

一八一〇年にハワイ諸島を統一して誕生したハワイ王国は四〇年に憲法を制定し、諸外国と条約を締結、四三年に英仏国から独立国家として承認された。

一方、二五年から流入したキリスト教宣教師は伝統文化や儀式は「邪教」とし、ハワイの民謡やフラダンスを禁じた。宣教師はハワイ政府中枢に入り込み、白人による植民地化を進めた。

第二次世界大戦後、ハワイは米国の一州に編入され、その後は観光を中心に産業発展を遂げるが、土地を奪われた先住民の高疫病率、高犯罪率などの問題を抱えている。

先住民から奪った土地は米軍基地にも使われた。現在も米太平洋艦隊司令部が置かれ、陸、海、空、海兵隊の四軍が駐留する。オアフ島全面積の30%を米軍が占有し、カホオラベ島は二〇〇三年に返還されるまで米軍が保有し、新兵器の実験場として長年使われた。

なおハワイについては、次節で親川志奈子《おやかわしなこ》氏から言語の問題を中心に現状を聞く。

2 「琉球処分」をどう見るか——識者に聞く

大城 立裕氏

おおしろ・たつひろ　一九二五年、沖縄県中城村生まれ。上海の東亜同文書院大学学部在学中に徴兵、中国で敗戦を迎える。戦後、琉球政府職員の傍ら創作を続ける。六七年「カクテル・パーティー」で沖縄初の芥川賞。二〇一五年に川端康成賞受賞。近年は創作組踊に挑んでいる。著書に『小説　琉球処分』（講談社文庫、上・下巻）など多数。

——「琉球処分」をどう捉えているか。

「琉球処分」は日本政府からの言い方であり、客観的に見ると日本国による極めて暴力的な琉球王国の併合だ。半面、ウチナーンチュは昔から日本への同化の機会が四度あった。最初は薩摩侵攻、二度目が「琉球処分」、三度目が沖縄戦からサンフランシスコ講和条約によって、日本の独立の代わりに沖縄が米国統治下に置かれたときだ。同化はいつまでたっても完成しない。ヤマトがそれを差別で迎えてきたからだ。沖縄戦では学徒まで一生懸命戦った。僕らは同化志向を教育でたたき込まれ、日本の愛国心教育を受けた。日本人として認められようと懸命に戦ったにもかかわらず、その後、沖縄は米国統治下に置かれ、裏切られた。三度目の同化の失敗だ。一九七二年の日本復帰の2年前に「沖縄で日本人になること」という論文で、復帰は同化の第四の機会であり、その成否はこれからの課題だと書いた。それから44年たつが、四度目の同化も失敗した。

――失敗の原因は。

沖縄差別であり、今も続く日本の帝国主義だ。沖縄を国防の前線としてしか認めていない。ただ、沖縄にとって不幸なのは、沖縄の生活文化の中に日本についていこうという習慣がある。この矛盾だ。潜在意識には同化志向がある。

――日本の沖縄差別と、沖縄側の同化志向の矛盾を、いかに乗り越えるべきか。

沖縄の文化的特性、アイデンティティーを大事にすることであり、その意識は芽生えている。「琉球処分」以来、これだけウチナーンチュがウチナーンチュであることに自信を持ったのは初めてだ。100年来のウチナーの文化的エポック（画期的時期）だ。その走りは八〇年代で、ウチナーンチュが劣等感を捨てる走りだ。笑築過激団《しょうちくかげきだん》、喜納昌吉《きなしょうきち》、照屋林賢《てるやりんけん》らがウチナーの土着的音楽や笑いを強調した。九二年にはウチナーの歴史家、美術家らが総力

を挙げて沖縄文化の象徴として首里城正殿《せいでん》を復元した。

――しかし、日本の沖縄差別は今も変わらない。

沖縄は自信を持ったが、米軍基地温存に伴う差別（治外法権）はなくならない。ウチナーンチュが文化的誇りを持つに至った今、沖縄では本当の自立に向けて思想が動き出している。同化が失敗しても、それがプラスに働く方が大きいだろう。問題なのは言葉だ。生き方という意味での文化の基本だ。ウチナーグチは非常に誇らしいと思ってはいるが、実生活では日本語に滅ぼされつつある。

――自己決定権についてはどうか。

その獲得は重要だが、社会的現実において日本の法律の中で生きるよう仕組まれている。それがやっかいだ。日本政府は、主体的生き方を法律でつぶそうとする。その象徴が辺野古の闘いだ。主体的生き方を許さない。日本政府は法で縛ってくるかもしれないが、沖縄の世論は、日本につくか、独立するかなどの選択肢の答えを用意しておく必要がある。

――沖縄は将来、どうあってほしいか。

沖縄の生活文化は日本に近いが、中国との関わりも深い。これをうまく使えば、沖縄は日中の仲立ち役として働けるかもしれない。軍事の要《かなめ》ではなく、調整役として外交の要になり、両国の関係を平和に転化する役割だ。それを目指すのも一つの選択だ。その基盤となるのが沖縄文化の主体性だ。文化的にもっと成長し、防波堤ではない、尊敬される沖縄にならなければならない。それには言葉が大切だ。ヤマトの日本語にのみ込まれないような、沖縄独自の言葉の力を持たないといけない。

国際世論への訴えも重要だ。ただ、今、非常に日本を動かしにくいのは、政府が中国へのけん制が必要と思っていることだ。

照屋善彦氏

てるや・よしひこ　一九三二年、沖縄県南風原町生まれ。五四年、琉球大学社会科学部卒業。五八年、米コロラド大学大学院で修士号、六九年同大学院で博士号取得。琉球大学教授、沖縄大学特任教授などを歴任した。「英宣教医ベッテルハイム」「琉球と欧米の異文化接触史」研究が評価され、二〇〇七年に東恩納寛惇賞を受賞。

――ペリーが大艦隊で日本や琉球を訪問した狙いは。

鎖国していた日本に着いた米国船の漂流者は囚人《しゅうじん》のように扱われた。外国船を海岸から砲撃したり、刀を持った武士が外国人をばかにする態度を取ったりした。これは危ない国だということで、武力を背景に交渉するしかないと判断した。ペリーは日本に寄港地を求めた。琉球に滞在した1年余は事実上、琉球を占領した状態だった。

――ペリーは琉球をどう見ていたか。

資源はなく貧しい国だが、日本と開国の交渉をしたり、太平洋を航海したり、東アジアを行き来したりするには、非常に便利な補給基地と見ていた。アジアの利権争いを列強と繰り広げる中、日本との開国交渉が失敗した場合は琉球を占領するつもりだった。小笠原諸島や台湾北部も手に入れる考えだった。日本が開国に応じたため実行しなかったが、米本国政府が「君の任務は日本の開国だ」と注意したほど琉球を重視していた。

――その背景は。

ペリーに限らず、当時世界最高の文明国を自負する欧米諸国はアジア諸国を半文明国だと見下していた。だから不平等条約しか結ばない。そんな国は占領してでも文明化へ導くことが使命だと考えていた。ペリーは出国前、米本国で3万ドル（現在の金額で数千万円）かけて資料を集め、琉球のことを研究していたので、琉球が薩摩に実質支配されていたことを見抜いていた。琉球を占領する理由としては薩摩の侵攻と隷属《れいぞく》的支配から琉球人を解放するという理屈だった。

――帰国後、ペリーの考えは変わったか。

イギリスは米国の潜在的な敵だが、日本遠征を振り返ると、今後最も大きな敵になるのはロシアだと断言し、ある意味で冷戦を予見している。ペリーが琉球を何度も訪問する間、ロシア船が琉球に来ている。こんな場所にまでと驚いたようだ。

――現在から見て琉米修好条約をどう意義付けるか。

米国側の権利と琉球側の義務だけを盛り込んだ不平等条約だ。占領意識を沖縄に向けた始まりと言える。その意識は今も変わらない。米国は日本を見下し、日本は沖縄に米軍基地を押し付けている。今の米兵の振る舞いを見ても占領意識は明らかだ。米国が米軍を日本に駐留させる理由は、表向きは「自由、民主」の旗印の下、防衛力が弱い日本を守ってあげているという理屈で、ペリーの理屈とあまり変わらない。沖縄戦で若い自国兵士の血を代償に勝ち取った土地を簡単には手放さないというのが本音だ。だから米軍が居続けている。

横山伊徳氏

よこやま・よしのり　一九五六年、群馬県生まれ。東京大学史料編纂所教授。幕末外国関係文書の研究、日本史史料の情報処理が専門。主な研究テーマは19世紀日蘭関係史。著書に『開国前夜の世界』（吉川弘文館）、編著に『幕末維新論集7』（吉川弘文館）など。

――幕府はペリーとの交渉を前提に、想定問答を作り、ペリーが日本と琉球との関係を問うた場合の対応を検討している。どんな姿勢だったか。

琉球と諸外国との条約締結をめぐる幕府内の意見は一枚岩ではなかったが、事なかれ主義の傾向は否めない。米国などが琉球と関係を結ぶとしても、そこに日本は関与しない方がよいという考え方も有力だった。

もし琉球をめぐって衝突があった場合、その火の粉が来ないようにという考えだ。

中国が太平天国の乱やアロー号戦争などの混乱状態の中、日本が戦争に巻き込まれる可能性を考えると、できるだけ事を小さくし、処理したいという考えだった。

――明治政府は琉球を併合する以前の一八七二年に琉球から外交権を没収し、条約を外務省管轄とした。狙いは。

琉球にとっては当初、米国との条約締結は米国の軍事力に強いられたものであったが、事態が変わると逆に条約を結んだこと自体は、琉球の外交の主体性を認めるものとなった。当時琉球の人たちが国際法をどう理解していたか不明だが、どこかの国が条約を結んでいれば、併合は無効だと異議を唱える可能性がある。琉球と米国との間で条約が結ばれていれば、日本としては琉球を一方的に併合することに米国が干渉する可能性がある。米国が琉球と条約を結んでいる関係は、日本政府にとっては不安だ。琉球が主体性を見いだす根拠に条約を使うと困るので明治政府は早めに吸い上げた。さらにフランスやオランダが入ってくると困る。

――フランス、オランダは批准《ひじゅん》しなかった。違いは。

条約は締結と批准の二段階で成立する。当時は締結者がリアルタイムで本国と連絡を取ることはできなかったから、締結される条約について最終的に本国で再確認をする必要があった。フランスとオランダは、締結相手である琉球についていろいろ調べてみたら、琉球が日本の従属国である可能性が高く、日本と条約を結びながらその従属国と別に条約を結ぶのはまずいということで批准しなかったと考えている。

だが米国は、むしろ琉球、日本、中国という三者の関係に割って入り、関与できるようにしていた。東アジアにおいて、中国や日本の利害をうまく操作しながら、琉球をめぐる〝調整役〟として米国にとって一番いい解決策を見いだす流れをつくる狙いがあった。

日本政府にとって、琉球の帰属の問題は、清国・朝鮮との関係上困難を抱えた国際問題だった。一方の米国は、イギリスとともに日本と清国の間に割って入り、一定の発言権を常に確保しようとした。

西里 喜行氏

にしざと・きこう　一九四〇年、沖縄県竹富島生まれ。京都大学で博士（文学）取得。琉球大学名誉教授。琉球国評定所文書編集委員会委員長、歴代宝案編集委員会委員などを歴任。主な著書に『清末中琉日関係史の研究』（京都大学学術出版会）など多数。

――論文で「琉球の主権」概念を使ってきた理由は。

一九七〇年代までの研究では、琉球の「主権」概念は視野の外に置かれた。八〇年代以降、近世史の研究が飛躍的に進展し、東アジアの一国家として琉球国の「自己決定権」の実像が解明された。その延長線上に「琉球処分」を位置付ければ、琉球はどの国に「所属」すべきかという従来の視点とは別に、琉球が何を求めていたかという新たな視点が必要になる。その視点から「琉球の主権」の諸相が見えてくる。

——琉米修好条約をどう見るか。

琉米修好条約と日米和親条約の内容はほぼ同様だと見なされているが、重要な差異がある。第一に、日米条約には「米国に与えられていない権利を他国人が日本政府から得た場合、その権利は直ちに米国人にも適用される」という片務《へんむ》的最恵国待遇の条項が含まれているが、琉米条約にはそれはない。

第二に、琉米条約では、米国人が琉球で不法行為を働いた場合、琉球当局が犯罪者を逮捕できる。この逮捕権が明記されたのは、ペリー艦隊所属の米兵が婦女暴行を働いた事件を踏まえ、琉球側が毅然《きぜん》として要求したからだ。日米条約には領事裁判権の条項があるが、琉米条約にはない。両者の対米従属度の差異はもっと注目されてよい。

——琉米、琉仏、琉蘭の三条約締結の意義は。

第一に、琉球国が条約締結権を持つ主権国家として、欧米各国から認知される契機となった。第二に、不平等条項や将来に禍根《かこん》を残す条項を可能な限り回避し、他方で不法外国人の逮捕権を明記した条約だった。第三に、明治政府の琉球「内国化」に対する抵抗の論拠となった。三条約は「琉球の主権」行使の歴史的成果として評価できる。

——琉米条約などをめぐる歴史の教訓は。

日米条約の不平等条項が琉米条約で回避されたのは、対外交渉のノウハウを蓄積してきた琉球側が、主権国家として毅然たる態度で自らの要求を貫いたからだ。それに思いを致す必要がある。「廃琉置県」を断行した明治政府が「国益」のために、琉球を二分割して宮古・八重山を清国へ割譲しようとしたことも記憶にとどめておくべきだ。同時に、琉球分割条約を阻止した決定的要因は、主権回復を求める琉球救国運動だったことも忘れてはならない。

――今後、沖縄の主権を考える上でポイントは。

沖縄への構造的差別の根底には、安保条約、日米地位協定、思いやり予算など、日本の対米従属の枠組みがある。だから「沖縄の主権」回復は「日本の主権」回復を前提として初めて展望できる。他方で、日本の多数派国民が知らんぷりして構造的差別を放置しているのも事実だ。「主権回復」のためには、対米従属下の理不尽な現実を、多数派国民だけでなく、国際社会へ向けて粘り強く発信し、共通認識を広げることが必要だ。

豊見山和行氏

とみやま・かずゆき　一九五六年、沖縄県宮古島生まれ。八〇年、琉球大学卒業、八九年、名古屋大学大学院文学研究科博士後期課程単位取得満期退学。九九年、博士号（歴史学）取得。琉球大学法文学部教授。著書に『琉球王国の外交と王権』（吉川弘文館）など。

――琉球王府の自己認識をどう考えるか。

琉球は、中国との外交を基軸に、日本や薩摩による支配を隠す施策を展開した。日本の支配と中国との

関係の両方を矛盾なく整合させた体制を作り出す外交方針だ。自分らが戦略的に生き延びるために琉球社会で矛盾がないようにする、そこが琉球の主体性を生んだ根本だ。一方で民衆の主体性もあった。琉球社会の自律性だ。ムラ、シマには自らを律する仕組みがあり、その上に琉球王朝があった。だから王朝が滅んでも琉球社会は残った。

――琉球王朝末期の庶民の暮らしは厳しかった。

江戸立ちと中国の冊封使《さっぽうし》来琉という二大儀式が短い期間で繰り返され、そのたびに農村は年貢《ねんぐ》を臨時徴収された。裕福ではない農村は一層疲弊した。宜野湾間切《ぎのわんまぎり》（行政区）の安仁屋《あにや》村の農民が久米島に逃亡する事態も起きた。王朝は農村の立て直しに必死になる。薩摩藩に納めていた部下げ米（付加税）の廃止後、その分の年貢を間切や「下級士族」の貧窮対策に回した。

王府の田地《でんち》奉行が金武《きん》間切を見回ったとき、農民は戸を開けて出なければならないのに、戸を閉めて出て来ないこともあった。後で間切の役人は叱られ処罰される。農民らの一種の柔らかい抵抗だ。民衆のエネルギーが爆発したような祭りもあった。琉球の人々は必ずしも、奴隷や羊のような従順な存在ではなかった。

――琉球併合後、琉球人の「主権」はどうなったか。

琉球民族として生きることが困難になった。大和人が多数派の中で、自律的仕組みのある社会から他律的状況が進む。他律的に日本人になることが沖縄の唯一の選択肢であるかのように同化政策が進められ、沖縄の人間も日本人になろうとした。琉球人の自律性への意識は潜在下に押し込まれていった。それが歴史的な曲がり角の際に歴史が見直され、自分たちで律し、国を運営していたという意識が顕在化し強くなった。

——琉球併合後の歴史の教訓は。

併合後、有無を言わせず日本への協力体制や仕組みが出来上がる。

歴史家ユルゲン・オースタハメルによると、植民地支配を続ける重要な方法の一つは、植民地の指導層に協力させることだ。その前提として植民地体制の存続が得策であると思い込ませることが重要となる。物力や圧力、金によって植民地の代表者に「本国へ協力する方が得策だ」と思い込ませ、本国による支配を貫徹する。

沖縄でもそれと似た過去があり、現在でもなお繰り返されている。今の体制や秩序、国際関係などを絶対視し、押しても引いてもびくともしないと思うか、どうか。それらは歴史的に大きく変動してきたし、今後も当然変わり得る。

そのような視点で、現在の在り方を長い歴史と高所から眺め直し、現実という壁を少しでも動かそうとする姿勢への転換が必要だ。

波平恒男氏

なみひら・つねお　一九五四年、沖縄県石垣島生まれ。琉球大学卒業後、東京都立大学大学院社会科学研究科博士課程中退。フランクフルト大で2年間在外研究員。現在、琉球大学法文学部教授。著書に『近代東アジア史のなかの琉球併合—中華世界秩序から植民地帝国日本へ』(岩波書店) など。

——アジア史の中で琉球併合をどう位置付けるか。

琉球併合から朝鮮併合に至る東アジアの近代は、中華帝国体制が崩壊し、日本が植民地帝国として台頭する新旧帝国の交代だった。その過程で、琉球と朝鮮は力ずくで中国との関係を断ち切られ、日本帝国の領土として併合された。

中華帝国体制の崩壊には西洋諸国も関わっていたが、日本は東アジアの内部から旧来の秩序を突き崩していった。日清戦争が新旧交代の節目となり、それ以降、日本は帝国主義、中国は半植民地への道をたどった。

——琉球の視点から見て琉球併合はどのような出来事だったか。

当時の琉球の人々には「武力を持たない小国だが、自ら建国し、中華世界に属しつつ独自の国家的存在として自己を維持してきた」という自負があった。徳川政権とは「通信」と呼ばれた国交関係があった。

一方、薩摩島津氏の武威《ぶい》に服し、経済的搾取《さくしゅ》を受けていた。中華帝国とは恩恵的関係にあった反面、島津氏には搾取され、後者を明治政府は引き継いだ。

――従来の研究を琉球の視点から捉え返すと、どのようなことが見えてくるか。

従来の研究は「処分する側」の視点から、松田道之編『琉球処分』などの明治政府の公文書に依拠して歴史を描いてきた。それに対し、私の研究は喜舎場《きしゃば》朝賢《ちょうけん》『琉球見聞録』を重視し、琉球の内側の視点から従来の通説の見直しを提起した。明治政府の公文書は権力者に都合よく書かれている。琉球が政府に提出した嘆願書も、正面からまともに反論すると受け取りを拒否されたので、卑屈な文章になっており、琉球の意向を素直に反映してはいない。

当時の琉球には、明治政府による対清関係の禁止や併合の政策に賛成し、明治政府にくみする勢力は皆《かい》無《む》だった。「琉球処分」の段階で、琉球の士族層が親日派と親清派に分裂していたという従来の通説は間違っている。

――琉球併合の歴史が残した教訓とは何か。

近代日本の膨張志向が、弱小の琉球側の対応で、どうにかなったというものではないだろう。他方で、琉球に将来ビジョンがなかったとの指摘があるが、幕末・維新期の日本の変革者にも一貫したビジョンはなかった。日本は、台湾や朝鮮などは自己改革能力がないとして植民地支配を正当化した。それが傲慢だったように、琉球に自己改革能力がなかったと決め付けるのも不当だろう。

問題は、差別や侵略をされた側ではなく、差別や侵略をした側にある。東アジアの歴史を正しく認識し、併合や侵略をされた側に共感する態度や感性を育むことが大事だ。沖縄にはその潜在的可能性がある。それをくみ出し現実化する努力が、東アジア地域の国を超えた連帯の基盤をつくることにつながる。

與那覇潤氏

よなは・じゅん　一九七九年、神奈川県横浜市生まれ。父方の先祖は沖縄系。東京大学大学院博士課程満期退学。博士号取得後、博士論文を『翻訳の政治学―近代東アジア世界の形成と日琉関係の変容』（岩波書店）として刊行。専門は日本近現代史。現在、愛知県立大学准教授。著書に『中国化する日本』（文春文庫）など。

――琉米修好条約締結の歴史から見えることは。

東アジア国家間の議論に西洋が介入し、決着を付けるという側面だ。植民地統治への一貫したビジョンを持っていなかった明治政府は、「琉球処分」の正当性を英字新聞上で争った。その姿は、安倍晋三首相が数年前に「従軍慰安婦」問題で米国の批判を受けて妥協した姿とも重なる。国内向けには言いたいことを言っても、その是非の決着は西洋を媒介する。米国に仲介してもらわないと成り立たない東アジア間外交の原型のようなものが、琉球問題にはあるのではないか。

――日本は今も安全保障面など米国に頼っている。

安全保障をめぐる物語の二極化が進んでいる。日米同盟と憲法9条はセットで戦後日本の安定を支えてきた。集団的自衛権でもめているように、本来は矛盾をはらむ二極を、矛盾しないかのようになんとか取り繕って共存させてきた。今はその副作用が出て、日本人の想像力が非常に硬直した選択肢にはまっている。一方の極は9条から来る一切海外の紛争に関わらないという選択肢。もう一方は、何が何でも米国についていくという選択肢。両極端のうちの片方だけが「唯一の選択肢」として浮かんでは消える状況は、不安定で危うい。

沖縄の問題に関しても不幸な形でそれが出ている。米国が辺野古と言ったから従うしかないという一方の極と、そもそも基地は全部なくすべきだという、極端な二極だけが時勢に応じて国民の前に示される。

――硬直状況を切り開く視点は。

日本人が、復帰運動で沖縄の人に一度は「選んでもらった」過去を自覚することが、新しい選択の可能性に気付く契機にもなると思う。今、日本国に沖縄県があるのは、選んでもらった結果だと気付いて感謝することが、日本と沖縄の関係のリニューアルにつながる。昨今盛んな立憲主義を問う議論も、憲法自体がわれわれの「選択の結果」としてあることを自覚する動きとして捉えるのが、一番建設的だ。

――日本は東アジア外交をもっと展開できないか。

憲法9条は国際条約にするのが理想だと思う。専守防衛協定として、いわば9条を中国や北朝鮮に「押し付け」てはどうかというのが私の提案だ。自衛力は持つが先制攻撃には使わない、常に専守防衛を守るという協定を東アジア各国間で結ぶだけで随分違う。今は9条は国内向けの政治闘争のシンボルで、東アジアの安定の担保は日米同盟、米国さんお願いしますという思考法だが、逆の発想も必要だ。かつて沖縄は9条体制を自覚的に選んだ。同じことをどれだけ沖縄以外でも起こせるかが重要だ。

上村英明氏

うえむら・ひであき　一九五六年、熊本県熊本市生まれ。早稲田大学大学院で北海道の植民史を研究。恵泉女学園大学教授。八二年、NGO・市民外交センター設立、代表を務める。九六年から琉球人の自己決定権や権利問題にも取り組む。著書に『先住民族の「近代史」』(平凡社)など。

――日本の植民地主義をどうみるか。

日本政府の公式見解は一八九四年の日清戦争後の台湾領有から植民地支配が始まり、一九四五年の敗戦ですべての植民地を放棄したとしている。果たして本当か。ポイントは二つある。一つは植民地主義への反省が欠如した点だ。8月15日に日本人は軍国主義を反省し不戦は誓うが、植民地主義を反省する言葉は一切出てこない。日本の研究者も、台湾の前に植民地はなかったのか、敗戦によって植民地はなくなったのかを検証しない。これは現代日本の社会問題の基礎構造にもつながった大問題だ。

二つ目は、植民地主義は被害者の立場から究明されなければならない。どこが植民地かもそうだ。例えば琉球についてなら、琉球の視点で歴史を解釈することが大切だ。「琉球は日本と中国の両属だ」とか「沖縄の帰属は国内問題だ」という表現がよく使われるが、根本的におかしい。琉球から「両属国」と言ったことはなく、冊封《さっぽう》や朝貢《ちょうこう》は今日の主権国家同士の関係で、琉球にはその意識があった。両属や国内問題という発想自体が日本という帝国主義者からの視点だ。

——琉球併合は「国の代表者への強制」を禁じたウィーン条約法条約51条違反だと指摘している。

韓国の研究者や政府も51条に照らして韓国併合条約は無効だと主張している。日本政府はそれを認めていない。琉球の場合、無効か有効かの議論よりも、併合の構造が米軍基地問題など、現在の権利侵害に直結していることが重要だ。米国は琉球を国際法の主体と認識し条約を締結し、批准した。日本の武力併合に「おかしい」と言うべきだった。琉球人が「米国はなぜ不正義の上に利権を確保しているのか」と国際社会に訴えてもおかしくない。

——併合後の日本との関係をどう見たらいいか。

日本は琉球を併合することで沖縄県を設置し、中央対地方という支配関係を作り、日本の矛盾を歴史的に押し付けた。戦前は帝国支配の下、戦後は多数決原理の民主主義の下で併合を合法化してきた。一地方の住民である「沖縄県民」には、いかに不当なことであっても、中央政府の専管事項に関する決定はひっくり返せない。一地方のことは国民全体の関心事にもなりにくい。県という枠組み自体が支配構造だ。沖縄の歴史的文化的背景を見れば、神奈川県や埼玉県などとは明らかに違う。

――沖縄の課題は。

構造的差別という言葉が使われ、定着してきた。差別されている主体としての議論を深める必要がある。道州制の議論の中で特別州を作るにも根拠がいる。九州州ができて県がなくなれば、歴史的文化的枠組みさえ消えることになる。琉球人のアイデンティティーは、日本や米国に翻弄《ほんろう》されてきたが、本当に自分たちは何者かを主体的に考える時代が来たのではないか。

阿部浩己氏

あべ・こうき　一九五八年、東京都伊豆大島生まれ。早稲田大学大学院法学研究科終了。博士（法学）。バージニア大学法科大学院卒業。神奈川大学教授。日本平和学会20期会長。国際人権法学会理事長。著書に『国際法の暴力を超えて』（岩波書店）『国際法の人権化』『国際人権を生きる』（共に信山社）など。

――国際法からの「琉球処分」の研究は。

ほとんどない。沖縄はなぜ日本になったのか、まったくぼかされたままだ。日本が抱える領土問題は竹島、尖閣、北方領土といわれ、日本の領土問題はこの三つしかないような議論がされてきた。一九八〇年代以降、先住民族の権利が台頭してきたが、日本では国家間の関係ばかりを取り上げ、先住民族の権利についてはまともに研究してこなかった。

――「琉球処分」をどう見るか。

琉球は一八五〇年代に米国、フランス、オランダと修好条約を結んだ。国際社会の一員として認められた独立国家だったという議論は成り立つ。七〇年代の琉球併合までは、少なくとも琉球は日本の一部ではなかった。七九年に琉球を併合したころ、米国などとの不平等条約を通してであったが、日本は国際社会の一員と認められていた。領域を拡張する際は何らかの国際法上の根拠に基づく必要があった。だが琉球併合は正当な根拠が見当たらない。七九年の尚泰王《しょうたいおう》の同意を併合の根拠にはできない。この同意は国の代表者に対する強制によるもので、絶対的に無効だからだ。

むしろ当時は国際法上認められていた「征服」によるものと言うべきかもしれないが、日本国と琉球国が戦争状態にあったわけではないので、この法理を適用することも難しい。

――政府は国際法上の根拠を今でも説明していない。

政府は琉球併合について国会で「分からない」という趣旨の答弁を繰り返している。本当に分からないのと、併合の認識を整理したくないということの、両方あると思う。日本が国際社会に組み入れられた時、付庸《ふよう》（従属）関係を根拠に琉球はすでに日本の一部だったという議論は、当時の事実に照らしても無理筋だ。

――今日、国際法に照らし、併合の責任を追及する意義はあるか。

大いにある。日本は植民地支配の歴史的不正義を認め、是正しなければならない。ところが沖縄とアイヌについて、植民地主義の実態を解明する作業がなされていない。沖縄の人々はその責任を追及するとともに、基地問題や自分たちの経済、資源の処分などについて「中央政府の意向だけで決めず、自分たちの同意を得よ」と主張できる。自己決定権の保障だ。沖縄の振興・発展の仕方は自分たちで決める。それを日本国は支援する義務を負う、という主張だ。

――その権利は国際法でも保障されている。国連の支援は得られるか。

得られる。自己決定権は、一国の中で、自分たちのアイデンティティーや経済的文化的発展を自由に追求することを人民に保障する権利だ。これが継続的に侵害されると最終的に独立という可能性も出てくる。「琉球処分」が、国際法違反で無効、あるいは根拠がないということになると、沖縄の人々の自己決定権の保障は、日本国が果たすべき歴史的責任にほかならない。

佐藤　優　氏

さとう・まさる　一九六〇年、東京都生まれ。母は沖縄県久米島出身。八五年、同志社大学大学院神学研究科修了後、外務省入省。在ロシア日本国大使館勤務などを経て、国際情報局分析第一課主任分析官として対ロシア外交の最前線で活躍した。現在、作家として活躍中。

――琉米修好条約の意義をどう考えるか。

外務省は日本に残る最古の条約と説明している。だが少し考えると、その時点で琉球王国は必ずしも日本の一部ではない。日本政府はいつから一部になったか明確には言わないが、少なくとも一八七九年の「琉球処分」のころと言っている。では、それより25年も前の琉米条約締結時、沖縄の位置はどうだったか。いろんな議論があるが、琉球が国際法の主体だったのは間違いない。そうでないと条約を結べない。フランス、オランダとも条約を結んだ。琉球が国際法の主体と認められていたことが重要だ。ならばなぜ今、東京の外交史料館に原本があるのか。政府は説明責任がある。

――「琉球処分」は国際法違反との指摘がある。

法的議論と歴史的・道義的議論は切り離した方がいい。国際法の義務違反は、国内法と違い、条約当事国が義務違反を明示的に言わないと違反にならない。琉球併合に対し、米、仏、蘭、いずれも明示的に異議を申し立てていない。そうすると違反はないというのが国際法の普通の読み方だ。

しかしそれは帝国主義の時代に帝国主義国が自らの思惑に従い取引した結果だ。歴史的・道義的に正当化される話ではない。その時代ではよくあることだったと是認できるのか。その歴史的経緯について説明責任は免れない。(「琉球処分」は)当時の国際法から見ても極めて異常な事態ではある。近代の日本の素性を知る、非常に重要な事例だ。

――「琉球処分」は「民族統合」とも言われた。

当時日本は単純な拡張主義だった。民族統合と言うならば、先島《さきしま》を切り離して清国に渡す一八八〇年の先島分割条約案をどう説明するのか。台湾で宮古の住民が殺されたから自国民保護の名目で台湾に出兵した。その後は清国に宮古を渡そうとした。めちゃくちゃだ。そこに論理はなく、むき出しの拡張主義しかない。そうすると尖閣諸島は固有の領土と言ったって、その本島の石垣を放棄するような人たちがどうして固有の領土なんて言えるんだと思う。歴史を実証的に見ると絶対に成り立たない。

——沖縄は経済、教育、社会保障など日本の制度に組み込まれているため、独立など自己決定権の拡大に対し否定的な見方もある。

今のシステムの中では（独立は）非現実的だ。今の経済では、沖縄が従属するシステムがそのまま回る。一気に断ち切るには戦争がない限り無理だ。徐々に断ち切る方法は、知恵の使い方一つだ。例えばまず連邦になり、国家統合の費用としての沖縄連邦予算をもらうなどの知恵の絞り方はある。

高橋 哲哉 氏

たかはし・てつや　一九五六年、福島県生まれ。東京大学大学院修了。東京大学大学院総合文化研究科教授。哲学専攻。著書に『犠牲のシステム　福島・沖縄』（集英社新書）、『靖国問題』（ちくま新書）、『戦後責任論』（講談社学術文庫）など。

――「琉球処分」をどう見るか。

軍事力を背景にした併合だ。琉球は主権を認められていたが、日本はそれを否定し植民地化した。琉米修好条約以降、徐々に主権が奪われ、日米国家の下で自己決定権が奪われ、無視されてきた。今もそうだ。現在の状況と重なる。

――重なる状況とは。

米国は沖縄を占領し戦後も居座った。今もわが物顔で基地を使っている。日本はそれを利用している。沖縄は復帰により日本の主権下に戻ったが、あくまでも「琉球処分」後の状況に戻ったにすぎない。復帰は今から見ると、米国が利益を維持する一方、日本も沖縄を利用する形に日本が再併合したというのが本質ではないか。その日本の主権は、憲法よりも日米安保条約が上位にあり、ゆがんでいる。

――日本の米国への従属性を指摘する声もある。

日米地位協定が不平等であるにもかかわらず、多額の金を払ってでも、米国に従属することで得る利益の方が大きいと多くの日本人は考えている。安保支持率は約8割に達し、軍事的安全保障を米軍に担ってもらいたいという国民が圧倒的多数だ。しかし、この人たちは自分たちの所に基地を置くことには反対だ。不安だから米軍にいてほしいが、基地は置いてほしくないというのは、日米安保の破綻を意味する。

自分たちが必要だと言っている基地を自ら引き受ける覚悟や準備がないのは根本的矛盾だ。その基地の4分の3が沖縄にある。

沖縄に主権や自己決定権がないというのは、そんな形で日本が沖縄を利用しているからだ。それは日本人にとっては二重のメリットだ。つまり、日米安保により米軍に守ってもらうと同時に自分らはマイナスを引き受けない。それを圧倒的多数の日本国民が支持している。これが植民地支配だ。

——状況の打開策は。

状況が変わらず、植民地支配への認識が深まれば、最後には独立という選択肢が出てくると思う。かつて琉球王国が主権を持ち、国際的にも認められていた歴史はその際重要になる。それが日本によって否定され併合されたのだから、それを取り戻す権利がある。その権利を法的側面などさまざまな形で固め、理論武装する学会もできた。

——グローバル化の中、アジアの人々との対話が重要になっている。

本来日本は平和憲法の下で自立しなければならないが、現状は逆行している。沖縄も含め、アジアの人たちと信頼関係を結ぶためには、植民地支配や戦争によって日本がどのような被害や損害を与え、相手国の人たちはそのことをどう認識しているのかを知らなければならない。その歴史について、市民一人ひとりの歴史認識が問われる時代になった。

野村浩也氏

のむら・こうや　一九六四年、沖縄県美里村（現沖縄市）生まれ。広島修道大学教授。専門は社会学。上智大学大学院博士後期課程満期退学。二〇〇三年より現職。著書に『無意識の植民地主義』（御茶の水書房）、編著に『植民者へ』（松籟社）、共著に『人類館』（アットワークス）『社会学に正解はない』（松籟社）など。

――「琉球処分」の教訓は。

沖縄人にとって、日本は今も帝国であり植民者だ、と考えた方が分かりやすい。従って沖縄人は今も臣民であり、実質的には国民ではないと認識する必要がある。「琉球処分」とその後の歴史をたどると、それが分かる。沖縄は搾取《さくしゅ》の対象として発見された。天皇と関係のなかった琉球国王が、抜き打ちの冊封《さっぽう》で君臣《くんしん》関係を無理やり作られた。琉球人は臣民化を強いられた植民地原住民（被植民者）ということだ。だから「処分」という罰の対象になる。日本人は実は「自分らが悪い」とウチアタイ（強く思い当たる）しながら、併合や搾取の加害性を隠し、罪悪感を消すために沖縄人を罪人に仕立て上げた。

――「琉球処分」からの植民地主義の連続性は。

植民地主義は資本主義と連動することで、搾取対象とするべき植民地を国内外に見いだしてきた。「琉球処分」は、帝国としての日本国家が植民地主義的搾取を可能にするための起源だ。まず軍隊を送り、領土化という搾取を実行した。つまり、軍事的搾取だ。

沖縄人が反乱を起こす可能性があるから、その後は文化的搾取、文化的植民地化（精神的植民地化）を進めた。学校はその場となり日本語を強制した。後は経済的搾取だ。沖縄はソテツ地獄の後、県外への出稼ぎや海外への移民が増える。その後も沖縄に低賃金労働力を求め、搾取は続いている。労働力が搾取されてきたから賃金が低く、所得が低迷してきた。低所得に追い込めば、政治的搾取もやりやすい。「カネ、困っているんだろう」と。これが振興策という、もう一つの経済的搾取だ。米軍基地の押し付けという政治的搾取をやりやすくする。

――沖縄戦や日本復帰はどう位置付けるか。

植民地への搾取は、命も搾取する。日本人を守るために死ねと。それが沖縄戦で証明された。「軍隊は住民を守らない」と言うより「植民者の軍隊は植民地原住民を守らない」と言った方が正確だろう。今、政府がわざわざ尖閣問題で騒ぐのは、沖縄だけを戦場にしたいからだ。現代の捨て石作戦だ。日本人の犠牲の準備段階はずっと続いている。普天間基地を県外で受け入れないのも、沖縄だけを戦場にしたいからだ。日本復帰で、われわれは国民になれると思ったが勘違いだった。今も臣民でしかないことが証明された。

――沖縄の主権を考える上で大切なことは。

沖縄にとって今、大切なのは、主権のみならず、基地を持って帰れ、なくせという、人間として生きていく上で当たり前の基本的人権の一つ、人格権を認めさせることだ。確かに主権がないから基地がそのままあるという説明は可能だ。国民ではないから国民としての主権がない、つまり国民ではないからだと。だが臣民のままでも、もしかしたら基地をなくせるかもしれない。主権がなくても、人格権を認めさせることはできるし、それも基地をなくす方法の一つだ。人格権を認めさせるだけで、日本帝国の解体が始まるかもしれない。日本人が沖縄人を犠牲にするのをやめる可能性はないわけではない。

松島泰勝氏

まつしま・やすかつ　一九六三年、沖縄県石垣島生まれ。早稲田大学大学院経済学研究科博士課程単位取得。経済学博士。東海大学准教授を経て現在、龍谷大学経済学部教授。琉球民族独立総合研究学会共同代表。著書に『琉球独立への道』（法律文化社）、『琉球独立論』（バジリコ）など。

――「植民地」という言葉で沖縄を語る意義は。

琉球の問題を国内に限定せず国際問題にすることだ。一九六〇年代、脱植民地化運動がアジアやアフリカで起き、国連では植民地独立付与宣言という国際法も作られた。琉球が世界とのつながりをつくった一八五四年の琉米修好条約は非常に重要だ。琉球も世界の一員であり、世界の脱植民地化の流れに乗ることができる。

――琉米修好条約の原本は東京の外交史料館にある。

これはまさしく琉球併合が侵略であった証拠であり、戦利品だ。日本は琉球が主権国家であった証拠を奪った。返還すべきだ。

――「植民地・沖縄」とはどのような状態を指すか。

戦後、琉球は信託統治領にならず無権利状態だった。ミクロネシアのような信託統治に置かれたのであれば、国連の監察が入った。国連には信託統治理事会があり、信託統治領はいずれは独立か自治かを国連監視下で決定できる。

ところが琉球はそうならず、ミクロネシア以下の扱いをされた。信託統治領になり、国連の理事会で議論し、琉球人が住民投票で地位を決めるべきだった。だが実際は日米だけで交渉し、密約を含む沖縄返還協定を作り、琉球の施政権は日本に移った。

植民地支配は今も続いている。全国の米軍専用施設の74%が押し付けられ、基地内は治外法権だ。経済も、基本的に日本政府が政策をつくり、予算執行権を持っている。一九九六年以降は基地と開発を結び付けた政策だ。本土に利益が戻る植民地経済になっている。

――なぜ国内での自己決定権拡大ではなく、独立か。

自分たちの施策を自分たちで決定できる。全国の町村が道州制に反対している現状では、日本と別れた方が早い。日本の枠内だと、中央に強制力があるので分断される。独立国になれば分断施策は内政干渉となり、琉球は国際法で守られる。

今の流れでは、日本は立憲主義を実現できず、戦争ができる国になる。どこで戦争するかと言えば琉球だ。自分らは平和に過ごし、琉球で戦争をする。だから改憲を支持する。もし東京で戦争するとなると憲法は変えないと思う。

そういう日本から離れて自分たちで憲法を作り、立憲主義を確立した方がいい。その方が琉球人の生命は守られる。

――経済への不安から独立に反対する人もいる。

基地を減らし、平和や安心を求めているのに、発展できないというのはどう考えてもおかしい。自由貿易地域など目玉とされた経済政策のほとんどは失敗してきた。東京の官僚がわざと失敗するようにつくった政策ではないか。

台湾、香港、シンガポールなどが琉球より短期で発展したのは経済主権があるからだ。自分らで考えて計画を作り、国際的に展開した結果だ。基地を押し付けられる条件付き経済から独立した方が、大いに発展の可能性がある。

親川志奈子氏

おやかわ・しなこ　一九八一年、沖縄県沖縄市生まれ、那覇市在住。琉球大学法文学部人文社会科学研究科博士課程。名桜大学非常勤講師。二〇一二年、国連先住民族の権利に関する専門家会議で琉球諸語の保護を要望した。オキスタ107共同代表、琉球民族独立総合研究学会共同代表、しまくとぅば連絡協議会事務局次長。

——留学経験からハワイと沖縄の共通性は。

植民地化で先住民族の人権が侵害され、国を転覆され、ついには併合された点だ。併合時の米国でも王国転覆を正当化する答えは出せなかった。ハワイ語も禁止された。沖縄との違いは先住民族であるハワイ人がハワイの中でマイノリティーであることだ。

――権利獲得の運動はどのように推移したか。

米政府はハワイの土地を接収し、基地を造り、観光地として売った。学校では家庭訪問を徹底してハワイ語を禁じた。ハワイ語の新聞も止めた。一九五〇年代以降、米国の公民権運動の流れが来て、米国人としての権利だけでなく、ハワイ人としての主権回復の議論が発展した。七〇年代に入り、少数民族ではなく、先住民族としての権利を主張し、言語回復や文化継承など盛んに議論した。

――二つの言語を身に付けることに抵抗はないのか。

まったく逆だ。それまでハワイ史は白人が英語で書いてきた。侵略者の世界観を覆《くつがえ》し、ハワイの土地に根付く理論を構築するため、ハワイ人は自らの歴史を掘り起こした。それはハワイ語の習得で可能となった。

ハワイ人研究者はハワイ語を学ぶことによって、王国併合の際、先住民4万人のうち3万8千人が併合反対の署名をしていた事実を明らかにした。ハワイ語を取り戻すことで、自己決定権の追求を重視していった。

――沖縄県内では沖縄人を先住民と呼ぶことにぴんとこない人も多い。

私はウチナーンチュの自覚はあったが、自分を日本人だとも思っていた。だがハワイで反基地や先住民族の運動、言語復興や主権回復の議論を見て、私は何をやっているんだろうと思った。沖縄と同じ構図がハワイにあることを学ぶ一方、沖縄の運動とのギャップを感じた。

——ギャップとは。

沖縄と世界のギャップだ。沖縄は日本語の世界に閉じ込められ、先住民族運動という世界的動きから取り残されている。沖縄の問題は脱植民地化の議論にならず、アイデンティティーの話に集約されている。植民者の差別意識に気付き、異常な状態から脱する実践が必要だ。

——国際社会への訴えは。

当然訴えていくが、同時に私たち沖縄がどれだけ自己決定権の議論を深化させ得るかが最も大切だ。沖縄と同じような状況にある地域や先住民族とつながり、学び合えるとも思う。

——しまくとぅばの大切さは。

言葉を残すことは、ここにしかない生活や世界を残すということだ。シマに根付いた理論を体現するのがしまくとぅばだ。

——独立論を研究している立場から、日本の中で自治権を拡大する議論に最も限界を感じるのは。

軍事が一番大きい。沖縄に基地は要らない。政府が安全保障を国の専権事項にしている以上、米軍が自衛隊に代わっても意味がない。

前田　朗　氏

まえだ・あきら　一九五五年、北海道札幌市生まれ。中央大学法学部、同大学大学院法学研究科を経て、東京造形大学教授。専門は国際人権論、刑事人権論、戦争犯罪論。著書に『侵略と抵抗—平和のための戦争犯罪論』（青木書店）『軍隊のない国家—27の国々と人びと』（日本評論社）『国民を殺す国家—非国民がやってきた』（耕文社）など多数。

——沖縄の基地の現状は。

極めて差別的な処遇だ。そのことを圧倒的多数の本土の人たちは分かってはいるが、安保条約があり、日本政府の政策なので仕方がないという風潮に慣らされている。

平和・護憲の運動内では沖縄を差別すべきではないという共通認識はある。それに対し『平和運動をやるのなら基地を本土に持って帰れ』との主張が沖縄にはある。それを受け止めようにも本土側の運動に何ができるかというと難しく、立ち止まってしまう。すると『やはりヤマトの運動は植民地主義の中にあるから』といわれる。一理あると思う。沖縄での先住民の議論や新しい独立論の議論における、植民地主義への問題提起として捉えたい。

——植民地主義との関わりで琉球併合をどう見るか。

日本が近代に国境線を引く際、ロシアに対し、北海道にはアイヌ民族が住んでいるから日本だと主張した。そして一部のアイヌ民族を強制移住させ、多くの人を死なせた。国防の理屈で屯田兵も派遣した。これは植民地主義だ。沖縄の場合、植民地の色彩が一層強い。琉球王国が存在し、それを併合したからだ。琉米条約、救国運動なども含めて明治維新の時には独立国だった。その点で、（琉球併合は）植民地化だ。

——小国や地域による権利獲得の世界的流れがある。

琉米条約は一つの手掛かりになるが、国際法的問題と、その主張を支える政治的力が重要。県民世論や国際世論の広がりも求められる。政治的、社会的支持がなければ、政府と法律論をやっても解釈や見解の違いで終わってしまう。

日本国民は戦後の混乱や敗戦の痛みの中、植民地主義の反省の議論が抜け落ちてしまった。朝鮮半島、台湾も混乱し、日本の責任を追及できなかった。だから戦後補償運動の中で「従軍慰安婦」の問題が出た時も、戦争犯罪か植民地犯罪か——という議論がなかった。

国連国際法委員会では植民地支配の犯罪という概念を使い、禁止事項などを法文にする動きもあった。植民地独立付与宣言、「人種差別は植民地主義から出てくる」とするダーバン宣言、先住民の運動の流れもある。人民の自己決定権、先住民が持つ土地や資源、文化への権利、同化されない権利は国際的に承認されている。それらの議論から「琉球処分」をどう見るかだ。

——沖縄の可能性は。

今、スイスのジュネーブ州が憲法改正をやっている。改正案には平和的生存権が入っている。なぜ日本の都道府県は憲法を持てないのか。米国でも連邦の憲法と別に州の憲法があったりする。現行憲法を守るのも大切だが、個々の平和への権利を生かすことが大切だ。私のまちの憲法ができないか。日本国の主権とぶつかる点は多いかもしれないが、例えば、物流や観光など人やモノの交流を多面的に生かし発展させる沖縄の憲法をつくれれば面白い。

姜尚中氏

カン・サンジュン　一九五〇年、熊本県熊本市に生まれ。国際基督教大学準教授、東京大学大学院教授、聖学院大学学長などを経て、現在、東京大学名誉教授。専攻は政治学、政治思想史。テレビ・新聞・雑誌などで幅広く活躍する。

※以下の発言内容は、二〇一五年2月15日に沖縄国際大学で開かれたフォーラム「道標《しるべ》求めて――沖縄の自己決定権を問う」において「琉球とアジア、主権をめぐって」をテーマにした基調講演の要旨。

琉球新報の連載「道標《しるべ》求めて」は、沖縄の進むべき道標は「縦糸と横糸で考えないといけない」という重要な指摘をした。縦糸は歴史だ。琉蘭、琉仏、琉米の条約は、琉球が主権国家として国際法上の主体であることを示しており、大きな意味を持つ。「琉球併合」が事実上、「韓国併合」にそのまま適用されたプロセスも見えてくる。

横糸ではこの問題をより普遍化していく。琉球・沖縄の置かれている状況と朝鮮半島の位相が共振している。沖縄をはじめ、広域・多国・多地域間の共存、安全平和の秩序を目指すべきだが、それを阻むものがある。植民地支配、戦争の歴史であり、その問題を顕在化させない大きな重石となってきた冷戦だ。

欧州では冷戦が崩壊した。分断の象徴であるドイツが分断を超えようと、東方外交が進められた。一方、現在の東アジアは依然、冷戦が終わっていない。これを清算しない限り、過去の戦争と植民地時代の本質が顕在化しない。それが顕在化したとき、冷戦によってつくられたさまざまな権力構造が、新しい広域的な秩序を求める動きとなって立ち上がる。東アジアの冷戦をどう終わらせるか。そこにさまざまなせめぎ合いがある。

沖縄の基地を縮小もしくは完全に除去するためには、この冷戦構造を終結させなければならない。最前線基地が現在の朝鮮半島の韓国であり、北朝鮮だ。沖縄の脱冷戦・脱基地と、朝鮮半島の脱冷戦・共存は相互に共振し合う関係だ。

朝鮮半島の冷戦を終結させるためには南北、米中の4カ国によって休戦協定を平和協定に変えることだ。戦争が終わることが脱冷戦の第一歩になる。また、南北、米国、日本、ロシア、中国の6カ国協議の重層的な展開を通じて非核化を達成しなければならない。南北の2カ国と4カ国協議、6カ国協議が重層的に展開される多国間のラウンドが継続しなければならない。6カ国協議は公式文書で、将来軍縮に成功したら、この協議が東北アジア地域の多国間の安全保障の枠組みになるとうたっている。

日本の最大の問題は、米国との2国間同盟に特化した、あまりにも偏った安全保障のくびきから解放されていないことだ。その最も大きなしわ寄せを沖縄に負わせている。事実上、軍事的植民地のような状況だ。日米の軍事同盟の性格を弱め、平和的関係へ徐々に移っていく必要がある。

中国が中心になり、6カ国協議が前に進めば、東北アジアのきな臭い関係は少しは和らぐだろう。もし、米朝、日朝が国交正常化した場合、南北は将来、国家連合という第一段階を経て、10年から20年かけて連邦制に移り、さらに10年かけて統一という三段階を踏んだ統一も夢物語ではない。

6カ国協議が成功して初めて、東南アジア諸国連合（ASEAN）に対し、東北アジア諸国連合（ANEAN）ができる。二つの諸国連合が一緒になって東アジア共同体の平和の下部構造ができる。そうなれば沖縄の基地の役割は大きく減る。この地域で開発や貿易、人の移動、物流が活発化すれば、その中心に琉球・沖縄が躍り出ても不思議ではない。

平和と安全の秩序をつくれるかどうかは、6カ国協議にかかっている。これが成功すれば、在沖・在韓米軍の役割が終わる時代へと向かうのではないか。そうなれば、沖縄はわれわれが想像する以上の可能性が開かれる。観光、貿易、沖縄の豊かな自然を活用した、それこそかつての琉球と同じような繁栄に満ちた島が取り戻せるのではないか。

3　データで見る沖縄経済

＊グローバル化の潮流の中で

基地か、経済か――。沖縄の主要選挙の争点はいまや過去のものとなった。北谷《ちゃたん》町美浜《みはま》や那覇新都心など基地跡利用の成功を目の当たりにした県民の間で、米軍基地の存在は経済のよりどころではなく、沖縄の経済発展の阻害要因だという見方が定着した。基地の整理縮小・撤去は県民の負担軽減や攻撃の標的となる危険性を回避するだけではなく、跡地利用で経済振興の飛躍につながるという認識も広がっている。

その沖縄にとって、追い風となる世界の時勢もある。以下、沖縄の自立経済の現状を検証するとともに、グローバル化による環境の変化を基に、アジアの平和や経済に貢献可能な沖縄の潜在力を探る。

「アジアの中心は沖縄に近づいている」。そんな文言が経済誌で躍るようになった。高失業率や低所得、不安定な雇用など全国との対比でマイナス面が多く語られてきた沖縄だが、アジアの視点から見ると経済的飛躍の可能性は広がっている。

航空の物流拠点（国際ハブ）、外資系ホテルの相次ぐ進出、米軍基地の跡利用が経済成長率を押し上げ

全日空「貨物ハブ」、真夜中の作業風景＝那覇空港

ると推測して店舗を出す人気企業、最先端エネルギーやバイオ産業などの進出ラッシュ……。すでに具体的な動きが始まっている。沖縄は産業の場としてアジアを引きつける材料が豊富という。

沖縄県の沖縄振興指針「沖縄21世紀ビジョン」は、沖縄を「アジアの橋頭《きょうとう》堡《ほ》」と位置付けている。振興基本方針も「沖縄はアジア・太平洋地域への玄関口として大きな潜在力を秘めており、日本に広がるフロンティアの一つとなっている」とうたい、潜在力を引き出すことが「日本再生の原動力になり得る」と強調する。沖縄はアジアの懸け橋となって、自身だけでなく日本やその他のアジア諸国の発展を担えるという。

人、モノ、経済、情報のグローバル化の進展により、地球規模で国や地域の相互依存が深まっている。小国であっても、一つの国が金融危機に陥れば、瞬《またた》く間に国境を越えて影響が広がり世界が風邪をひく時代だ。

その一方でグローバル化は欧州連合（EU）や北米自由貿易協定（NAFTA）のような国々の地域統合や経済連携をもたらした。アジアでも、アジア太平洋経済協力会議（APEC）、東南アジア諸国連合（ASEAN）があり、さらに自由貿易協定（FTA）を中心とする経済連携の動きが急速に進められ、政治・安全保障面でもASEAN地域フォーラムが誕生した。

そのほか、さまざまな連携が展開されている。環太平洋連携協定（TPP）もその一つだ。アジアのほぼ全域をカバーし、世界の人口の半分、総生産額（GDP）と貿易総額の約3割に達する自由貿易協定・東アジア地域包括的経済連携（RCEP）も二〇一五年中の妥結を目指し、交渉中だ。

ただ、中国がアジアで影響力を強めることに米国などが警戒する向きもある。TPPは「経済面における対中国包囲網であり、事実上の安全保障政策」との指摘もある。

EUは、大戦を繰り返してきた欧州で戦争の火種となる石炭・鉄鋼の共同管理から始まった。国境の垣根を越えた統合・連携は、相互の技術力やマンパワー、市場のニーズなどを協調によって補い合い、経済的発展を図る一方、政治的関係も深めて、一大安全保障地帯を築き上げるという平和志向が根底にある。カネ、人、モノの交流を深める地域統合や経済連携こそ、最大の安全保障という発想だ。

＊「東アジア経済圏」のセンターに

こうした地域統合・経済連携で、沖縄の役割という視点から注目されているのが、ASEANに日中韓を加えたASEAN＋3を軸にした「東アジア経済圏」「東アジア共同体」構想だ。人口は約21億人に達し、EUの約4・4倍、経済規模ではEUを上回る。これが実現すれば、世界の経済・勢力の極が西から東へ移ると目される。

ノーベル賞候補にも挙げられた経済学者の故・森嶋通夫《みちお》氏（ロンドン大学教授）は著書『日本にできることは何か』（二〇〇一年）で、「日本の没落を救う道は、東アジア共同体を構築し、アジアの中で生きる道以外にない」と断言し、日本、中国、南北朝鮮、台湾をメンバーとした「東アジア共同体」（EAC）構想を提唱した。

東アジア共同体構想と経済連携交渉

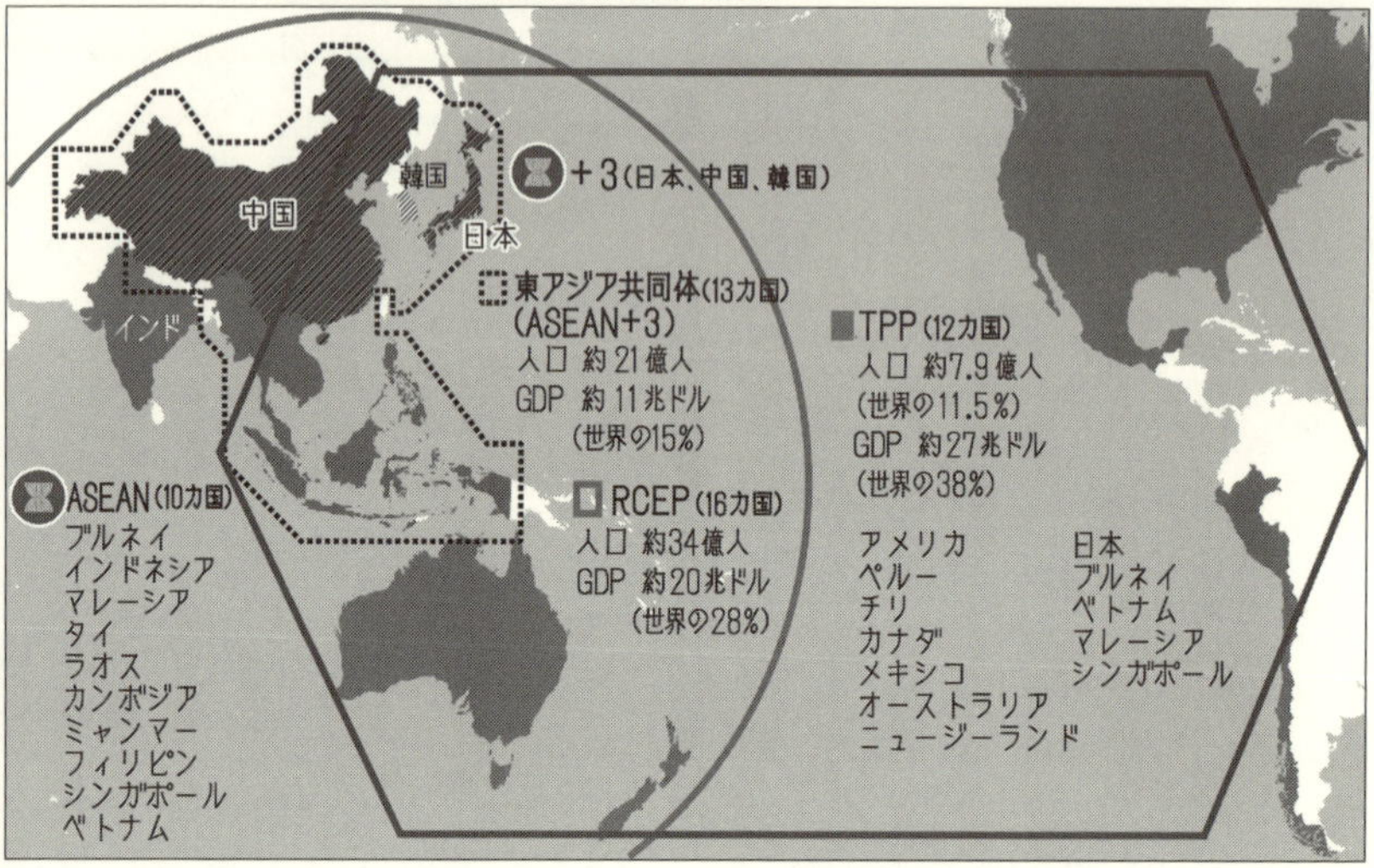

その中でＥＡＣの首都は「ＥＵのベルギーがそうであるように、大国であってはならない」とし、沖縄を独立させ首府にすることを提案した。かつての琉球国と中国との深い歴史的関係や日本との関係を挙げ「ＥＡＣなしの独立ならば異論もあるだろうが、ＥＡＣの首府予定地としての独立という私案は、沖縄の住民にとっても共同体にとっても望ましい」とした。首府になれば、高給の共同体役人が多く常駐するので長期的繁栄が期待でき、沖縄に活気をもたらすと主張した。

「東アジア共同体」構想は、経済的な側面からは森嶋氏のほか、谷口誠、小原雅博ら各氏の議論もある。政治・安全保障の側面からは、東アジア共同体評議会、姜《カン》尚中《サンジュン》、進藤榮一、和田春樹の各氏らが提唱している。

県内では具体的な取り組みが始まっている。鳩山由紀夫元首相は政界から引退後、東アジア共同体研究所を設立し、二〇一四年4月に同研究所の琉球・沖縄センターを那覇市に開設した。日米同盟の中で「軍事の要石《かなめいし》」にされてきた沖縄を、東アジアの拠点として「平和の要石」にしたいとの発想だ。

ただし障害もある。日本と中国、韓国の間にある尖閣諸島や竹島の領土問題、従軍「慰安婦」や歴史教科書の記述、靖国参拝など歴史認識問題だ。

豊下楢彦《とよしたならひこ》氏（元関西学院大学教授、国際政治）は尖閣問題をめぐる日中の軍事衝突で真っ先に攻撃の対象にされる沖縄が再び「捨て石」とされぬよう、対話や交流による東アジアの「信頼醸成《じょうせい》の拠点」を築くべきだと説く。

太平洋戦争で沖縄は日本軍の軍事拠点となったが、同時に「犠牲者」でもあったとして「歴史認識問題においてアジア諸国を『架橋』できる位置にある」と指摘し、米軍基地問題で直接対米交渉してきた外交力も潜在力として注目する。

〝沖縄はアジアの懸け橋〟論が政治や経済、文化などさまざまな面から叫ばれてきた。国連アジア本部など国連機関の誘致でアジアの安全保障を担うだけでなく、沖縄を「真の意味で平和にしたい」という考えも提起されてきた。今後、沖縄はアジアの拠点や「平和の要石」の実現に向けて積極的な施策を展開する上で、自己決定権は欠かせないだろう。戦略の構想力、提言力、発信力、政策形成能力、実行力、外交力などが一層問われている。

＊自立経済の指標

沖縄の経済自立度を考える際、「対外収支均衡」が一つの指標となる。

輸入に必要な費用を、外からの収入でどれだけ賄えるかを表した数値で、独立国の国際収支に当たる。

沖縄経済の自立化指標（%）

年	財政依存度	物的生産力	域内自給率	対外収支係数	完全失業率	所得格差
1990	34.6	9.4	64.9	72.0	3.9	32.9
91	36.2	9.2	64.0	69.1	4.0	34.3
92	38.0	8.6	63.5	67.5	4.3	31.3
93	38.7	8.2	61.7	62.9	4.4	29.5
94	39.6	8.2	61.2	62.3	5.1	32.1
95	42.0	8.1	60.9	61.6	5.8	31.8
96	41.7	7.9	60.0	60.0	6.5	32.6
97	40.7	8.0	61.7	67.3	6.0	32.0
98	42.2	7.6	58.8	63.6	7.7	28.3
99	44.0	7.7	57.9	64.5	8.3	28.5
2000	42.0	7.4	59.0	67.3	7.9	29.1
01	42.6	7.5	58.8	67.1	8.4	26.2
02	42.7	6.6	59.0	66.4	8.3	26.9
03	43.2	7.4	59.2	67.3	7.8	27.9
04	40.5	6.6	61.4	69.2	7.6	30.1
05	39.7	6.2	64.3	73.5	7.9	29.8

（沖縄県企画部統計課　金融分析班「平成 17 年度県民経済計算」などを基に大城肇氏が算出。）
※出典（宮里政玄他著『沖縄「自立」への道を求めて』（高文研）

沖縄経済に適用する場合、グローバル経済の相互依存関係に吸収されているとの認識が前提だ。

沖縄独立論者で経済学者の平《たいら》恒《こう》次《じ》イリノイ大学名誉教授は一九九四年の県統計の数値を基に沖縄の対外収支を計算したところ、9・7%の赤字という結果になった。ただ、国から県への財政移転や、県から国への税金、県から本土へ環流する金（「ザル経済」）などを考慮していないため、数字は「不十分」としつつも、約10%の赤字は「望ましくはないが、極端に悪いとはいえない」と結論付けた。

一方、琉球大学教授の大城肇氏（島嶼《とうしょ》経済論）は財政依存度や域内自給率など複数の指標を用いて沖縄経済の自立度を分析した（表）。その結果、沖縄経済は自立経済へ向かわず、むしろ逆の方向へ動いてきたと指摘する。

大城氏は、外から稼ぎ、独り立ちする「自立」と、自らの意志で自らのことを決める「自律」とを区別する。「自律」は「沖縄の地域特性や経済の発展段階に即した制度設計・仕組みづくりができること」とし、独自の制度設計が可能となる自治権獲得が必要だと強調する。沖縄が本土と一体化し同質化するための公共投資の手法から脱却し、沖縄の地域特性＝島嶼性や環境特性を反映した個性化や自立化を支える投資に切り替えるべきだと提言する。

海外の島嶼地域を調査した経験から、経済自立のためには地域の実情に合った仕組みづくりが必要で、「経済自立と制度設計力を持つ自律は正の相関関係にある。地域主権に基づく『自律』のないところに、真の経済自立はない」とも主張する。国からの財政移転や基地収入に依存する「日本経済への従属の道」でなく、東アジアの中で沖縄を見つめ直し「国際的視野の中で主体性を発揮することだ」と唱えている。

＊財政依存は全国17位

沖縄県の財政状況（二〇一一年度）を見ると、国への財政依存度は37・5％で全国5番目に高い（表）。〇二年からの第四次沖縄振興計画以降「自立型経済の構築」がうたわれているが、国への財政依存度は高止まりの傾向にある。

一方、1人当たりの公的支出額は105万円で、全国17位。1人当たりで見ると沖縄の財政移転は他の都道府県比で必ずしも大きい額ではない。米軍基地問題と絡め、沖縄は国の補助金を「多くもらっている」という認識から「沖縄を甘やかすな」との声があるが、〝誤解〟であることが分かる。

類似11県の財政依存度比較
(2011年度、単位：億円、％)

	財政依存度／全国順位	公的支出額／全国順位	一人当たり公的支出額／全国順位
高知県	41.2/1	9,413/42	124万円/4
島根県	40.2/2	9,735/40	137/1
鳥取県	40.2/3	7,230/47	123/5
岩手県	37.8/4	15,998/25	121/6
沖縄県	37.5/5	14,987/27	105/17
秋田県	35.8/8	12,646/31	116/9
長崎県	33.9/9	15,422/26	108/13
鹿児島県	33.6/10	19,064/18	112/11
宮崎県	33.6/11	11,840/35	104/21
徳島県	32.2/14	9,267/43	118/7
和歌山県	29.1/18	10,613/39	104/20
11県平均	35.4	12,383	114
都道府県平均	23.2	25,055	93

（注1）各県の人口は2012年3月31日のデータを使用（注2）公的支出額＝政府最終消費支出＋公的総固定資本形成　※仲地健沖縄国際大教授作成

ただ、国の財政に依存しているのは確かだ。国からの財政移転を当然の権利とし、それをてこに自立を目指すか、財政移転による自立を否定し、完全に自らの足で立つことを考えるか、大きな分岐点になる。財政移転を当然の権利として認めるならば、国の法律に基づき赤字分は調整され、自治体の財政に補填《ほてん》されるので、緊迫感を招くことはない。

それに対し、財政移転を前提にしない日本からの分離・独立論だと、その赤字分をどうするのか、説明や対策が必要となる。赤字をカバーできない場合、県民の所得減少を招く恐れがある。

その場合でも「暮らし良さが低下するわけではない」との見方もある。沖縄国際大学教授の富川盛武《とみかわもりたけ》氏は発展の物差しを根本的に考え直すべきだとし、単に経済指標をよくする「自立論」の限界を指摘する。

富川氏は自立経済を「社会的経済単位が自らの意志と知恵と力によって経済が成長・発展し、同時に生態系のバランス、社会的福祉・文化の向上が実現されつつある状態」と定義する。具体的には、低生産性、依存経済、ザル経済、高失業率、人口過剰など沖縄経済の諸問題解決という次元だけでなく、風土や文化、生態系のバランス、「暮らし良さ」の向上を含む広い概念で自立経済を捉え直している。

こうした包括的な自立は、従来の経済指標追求が起こす均一化、画一化による労働意欲、個性の喪失を防ぎ、アイデンティティーを高め、地域発展の原動力になり得るという。

貧困層や格差の拡大、精神疾患のまん延など都市型・競争社会の弊害も考え、自立経済を論じる際には「真の豊かさ」の議論も必要となろう。

＊沖縄県の1人当たり所得——非武装国比で3位

沖縄県の人口や経済は、全国や世界と比べ、どのような位置にあるか。

全国47都道府県別の人口を見ると、沖縄の約１４２万人は25位、人口増加率は東京に次いで高い。面積２２７６平方キロメートルは44位。１人当たりの県民所得は、２０１万８千円（二〇一一年度）で最下位。全国平均の２９１万５千円に大きく水を空けられている。

ＷＨＯ（世界保健機関）加盟１９４カ国と比べると、沖縄の人口は１４６位に位置する。１００万人を超えない国が40カ国以上存在するのだ。面積は１８３位と順位は低いが、１人当たりの所得は42位に位置

非武装独立国の国民所得（一人当たり）

	国名（県名）	人口（百人）	面積（km²）	所得（千円）	独立年（最終年）
	沖縄県	14237	2276	2018	—
ミクロネシア	ミクロネシア連邦	1081	702	392	1986
	パラオ共和国	203	458	1687	1994
	マーシャル諸島共和国	619	181	—	1986
	ナウル共和国	93	21	—	1968
	キリバス共和国	1023	811	387	1979
ポリネシア	クック諸島	104	237	—	1965
	ニウエ	12	260	—	1974
	サモア独立国	1790	2944	425	1962
	ツバル	96	26	—	1978
メラネシア	ソロモン諸島	5230	28450	213	1978
	バヌアツ共和国	2400	12200	430	1980
インド洋	モーリシャス共和国	13000	2040	1506	1968
	モルディブ共和国	3963	300	756	1965
ヨーロッパ	アンドラ公国	790	468	—	1278
	サンマリノ共和国	324	612	—	301
	モナコ公国	363	2	—	1297
	ルクセンブルク大公国	4860	2586	6016	1867
	リヒテンシュタイン公国	347	160	—	1866
	バチカン市国	8	0.44	—	1929
	アイスランド共和国	3195	103000	3348	1944
中米・カリブ海	ドミニカ国	692	754	1198	1978
	グレナダ	1044	344	1035	1974
	セントルシア	1720	616	1130	1979
	セントヴィンセント・グレナディーン	1090	389	1087	1979
	セントクリストファー・ネヴィス	546	261	1763	1983
	パナマ共和国	34540	75416	1515	1903
	コスタリカ共和国	45790	51100	1250	1821

※各国の所得はＷＨＯ世界保健統計 2014 年版より作成

する。1位はノルウェーの669万6千円、2位はルクセンブルク601万6千円、3位はシンガポール601万1千円と続く。日本は17位だ。

ちなみに、ヒマラヤの国ブータンは一九七〇年代に国王が「国民総幸福量（GNH）は国民総生産（GNP）よりも重要だ」と打ち出し、国勢調査で国民の97％が「幸せ」と答えて世界に注目されたが、1人当たりの所得は91位の62万円で沖縄よりも低い。所得の高さがそのまま生活の質の高さや幸福度につながるとは限らない。自然破壊や物価の高さ、格差、寛容性などの生活環境も重要な指標となる。

ところで、琉球民族独立総合研究学会は「軍隊のない沖縄」を提唱している。前田朗《あきら》東京造形大学教授によると、軍隊を持たない国は世界に27カ国あるという（同氏著『軍隊のない国家』日本評論社）。第二次世界大戦以前には、アンドラやサンマリノ、モナコ、アイスランドなど7カ国しかなかったが、六〇年代、七〇年代、八〇年代にそれぞれ6カ国増え、九〇年代も2カ国加わった。

琉球独立論への批判や憲法9条に関する議論で「国家は軍隊を持つのが当たり前」といった主張があるが、軍隊がなくても平和外交を駆使して安全保障を確立している国がこれだけある。その27カ国と比べると、沖縄は人口は3位、面積は8位に位置する。1人当たりの所得も3位と高い。

27カ国が軍隊を持たない理由は六つに分類できるという。①アンドラなどもともと長い間軍隊を持っていない、②ドミニカ国など軍隊が国民を殺害したため廃止、③セントルシアなど外国軍によって占領されて軍隊が解体、④グレナダなど集団安全保障体制を結んだ、⑤パラオなど外国との自由連合協定下にある、⑥コスタリカのような非武装中立――だ。

4　経済的自立は可能か——識者に聞く

谷口　誠　氏

たにぐち・まこと　一九三〇年、大阪府生まれ。一橋大学大学院経済学研究科修了後、ケンブリッジ大学を卒業。五九年に外務省入省。国連大使やＯＥＣＤ事務次長を務めた後、早稲田大学教授、岩手県立大学学長などを歴任。現在、桜美林大学北東アジア総合研究所特別顧問・評議委員。

——東アジア共同体の利点は。

数年前、中国の上海市交通大学で開かれたシンポジウムに参加し、発言した翌日、上海の日本総領事から携帯に電話がかかってきた。「国連大使までやった人がばかなことを言った」という趣旨の怒りの声だった。私がシンポジウムで「日中韓で東シナ海の海洋資源を共同開発したらどうか。日中韓を結ぶ平和な海にする必要がある」と発言したことに、彼はかみついた。30年以上、世界のいろんな仕事をしたが、日本の政治力、外交力は弱過ぎる。

パリのＯＥＣＤ本部で欧州の統合過程をじかに見た。フランスとドイツは戦争を繰り返してきた反省から、互いに石炭・鉄鋼資源を共同管理した。それが欧州連合（ＥＵ）の起源だ。ＥＵをモデルにした東アジア共同体の実現は私のライフワークの一つだ。

中国や韓国との信頼関係を築き、ＡＳＥＡＮ（東南アジア諸国連合）とも経済や安全保障で協力し合う東アジア共同体は、アジアの発展と安定に向けた最善の道だ。退潮いちじるしい日本経済の突破口としても必要だ。

21世紀は成長率から言っても、間違いなくアジアが躍進する世紀だ。日本はアジアの中でエリート意識を持っていたらうまくいかない。中国にＧＤＰは追い抜かれても、科学技術や教育に力を入れていけば相互に発展は望める。経済共同体的なものはもう出来つつある。後は安全保障の問題を含め信頼関係を築き、人材がもっと交流すれば、お互い投資などの好機が生まれる。共同体は米国からの圧力への抵抗力にもなる。

――実現性は。

世界諸国の相互依存関係は深まり、経済連携は必然的な流れとなっている。経済的な東アジア共同体は事実上、つくられつつある。しかし、日本と中韓の間で尖閣や竹島の領土問題、「慰安婦」、靖国参拝など歴史認識問題が深刻化したまま、構想は進展していない。

小泉純一郎氏は首相時代にＡＳＥＡＮプラス日中韓を言ったが、中国の力が強すぎるということで、

オーストラリア、ニュージーランド、インドを入れた東アジア地域包括的経済連携（ＲＣＥＰ）が今、進められている。ところが、日本は尖閣問題や「慰安婦」問題で中国、韓国も怒らせている。米国が注意するほどだ。外交感覚が鈍すぎる。

日本は中国や韓国と向き合わないと発展の限界が来る。日中韓の信頼関係こそが共同体実現の鍵だ。安倍晋三首相の価値観外交は欧米の価値観の押し付けだ。民主主義や人権など欧米の価値観で見ると、確かにアジアではいろんな問題がある。しかし、真の信頼を築かないとアジアの国々は日本についてこない。日本が国連の常任理事国に名乗りを上げた時、中国や韓国など主要国はどこも支持しなかった。近隣国とうまくやれない国が世界の平和に貢献すると言ってもできっこない。

――どうすればいいか。

ＡＳＥＡＮは二〇一五年までに安全保障や環境の共同体をつくろうとしている。アジアとの経済連携で安全保障の問題を含んだ場合、車の運転に例えると、ＡＳＥＡＮを立てて運転席についてもらい、日本は韓国や中国と一緒に後部座席に座るやり方がいい。それこそアジアの価値観だ。基盤として信頼関係が最も大切だが、北朝鮮問題もあり、日本と中韓の間にある領土問題、歴史認識問題が障害となっている。

――ＴＰＰ（環太平洋戦略的経済連携協定）の本質は。

米国が中国の地域統合の動きをけん制する狙いがある。米国は自国の将来発展のためにはアジアが必要と考えている。ＴＰＰは東アジア共同体に対する一つのくさびだ。これができたら困るので、東アジアに影響力を持ち続けるためにTPPを主導している。

――沖縄の可能性は。

日中韓の関係に横たわる問題に沖縄が果たせる役割、可能性は大きい。東アジアの信頼関係構築に向けて、どことも近く、歴史的にも交流の場だった沖縄は東アジアのへそだ。緩衝地帯になれる。沖縄は太平洋戦争の激戦地となり悲惨な経験をした。戦争の怖さを分かっているし、本土よりもものすごい経験をしている。障害を取り除く対話の場だ。歴史、文化、経済においても、アジアの交流の場だった。東アジアのへそとして果たす役割は大きい。東アジア共同体が実現すれば、本部機能は沖縄に置くべきで、それにより沖縄は繁栄する。

その場合、沖縄の国際会議場などインフラ整備が必要だ。ホテルの数もまだ少ない。日本政府はもっと真剣になって沖縄とアジアの交通路に投資すべきだ。もし東アジア共同体ができたら本部は沖縄がいい。そうすれば沖縄は発展するし、沖縄の役割を果たせる。人材育成も大切だ。中国語と英語などはもっと学ぶ必要がある。

寺島実郎氏

てらしま・じつろう　一九四七年、北海道生まれ。早稲田大学大学院政治学研究科修士課程修了後、三井物産入社。米国三井物産ワシントン事務所長、三井物産常務執行役員、早稲田大大学院アジア太平洋研究科教授などを歴任。二〇一〇年、同大学名誉博士学位授与。現在は日本総合研究所理事長、多摩大学学長、三井物産戦略研究所会長。

――沖縄をめぐる情勢は。

最近2年で鮮明になったことが二点ある。それこそが自立経済の話にもつながる。

一点目は、尖閣問題が先鋭化したことで日米同盟の本質が明確になったことだ。米国は日中間の領土紛争に巻き込まれ、米中戦争になることだけは避けたいと判断している。日本人には、米軍は日本を守るために駐留しているという期待感がある。ところが米国のスタンスは明快で、尖閣への日本の施政権は認めるが、領有権には関与したくない。「同盟責任を果たす」と言い続けている。本音は、アジアにおける影響力の最大化だ。同盟国としての日本も大事で、最後まで日本の期待感をつなぎとめるのと同時に、中国に対しても、領有権に関与しないというところに重きを置き、米国への期待をつなぎとめようとしている。曖昧作戦だ。どちらにも最大の影響力を行使することが国益と判断している。

日本は原点に立ち返り、在日米軍基地の基本的性格に目覚める必要がある。米軍は日本を守るためではなく、米国のアジアにおけるプレゼンスを最大化するための配備ということだ。

二点目は沖縄県民の意思が明確になった。知事選で辺野古の基地建設を拒否した。日米間で戦略的対話をし、東アジアの安定のために在日米軍基地の在り方を吟味して、段階的削減と地位協定改定に踏み込まなければ駄目だという方向感を県民は持ち始めている。

――沖縄がすべきことは。

東アジアのへそ、楽市楽座の場として、平和で安定・繁栄した島としての自立像、他人依存でないシナリオを描くことだ。今大事なのは地域の特性をしっかり考え、本当の意味での観光立国モデルになってほしい。一言で言えば、脱工業生産力モデルだ。自動車部品工場の誘致や生産基地建設などの発想にこだわらず、食と観光、東アジアの交流拠点を構築するべきだ。

最高級志向のリピーターを沖縄に引き付ける戦略をしっかり描く。例えばカジノありきではないＭＩＣＥ（国際会議など）やコンベンションリゾート。会議場の規模より大切なのは質だ。高度なＩＴ技術を使い、世界的な学会を開いてはどうか。参加者全員の机上にタブレットが置かれ、視聴者の反応を見ながら会議を盛り上げ、成果を上げていく。そのソフトウエアの開発者と一緒に高度な国際会議を開催できればいい。

産業ツーリズムもいい。最先端の実験的な産業プロジェクトを見せる。中国や東南アジアの経営者が見に来たくなる、海の環境を生かした食の新しい試みなどだ。

健康志向の観光客にも対応する。例えば女性が1週間滞在し、エステで若さを回復するプログラム。医療ツーリズムで質の高い医療施設を造り、高齢者に行き届いたケアをする。教育もツーリズムになり得る。東アジアの交流の共同セミナー施設を造り、日中韓・ＡＳＥＡＮ（東南アジア諸国連合）の学生に交流させる。

こうしたツーリズムで真の意味での統合型リゾートを実現してほしい。

――沖縄の魅力はどう生かせるか。

空気や環境を生かし、金融資産を持っている高齢者層などを引き付ける、平和で安心できる島を志向してほしい。大切なのは医療と食だ。その意味でもう少し構想力が必要だ。沖縄は文化の融合力もある。交流の基点になり得る。

伊藤 元重 氏

いとう・もとしげ　一九五一年、静岡県生まれ。東京大学卒業。東京大学大学院経済学研究科・経済学部教授。総合研究開発機構理事長、政府の沖縄振興審議会会長、復興推進委員会委員長を務める。

――アジアの経済情勢は。

日本全体がアジアへの依存度を高めている。アジアがこの20年で非常に大きくなった。経済規模だけでなく、中間所得層の増加が特に著しい。インドも含め、最近10年で約8億人増えた。日本経済にとって、さまざまなメリットがある。一番近い所にある沖縄のチャンスが大きい。アジアの中間所得層をどう経済的に取り込むかが日本、中でも沖縄にとって重要だ。

経済学にはグラビティ（引力）という概念がある。二国間貿易の貿易額は距離が近いほど大きくなる。大きい国同士が引っ張り合う。現在、アジアの国が大きくなり、日本各地との間で引力が働き始めている。かつて東京の引力の中で地方は活動し、発展してきたが、今はアジアの引力も非常に強い。それぞれの地方が直接的なアジアとの経済関係や引力をどう作るかが重要になっている。

――沖縄の場合は。

人口700万人の香港があり、その背後には中国がある。台湾にも約2500万人いる。沖縄の経済規模を見たとき、非常に大きい存在だ。那覇空港の国際ハブを生かし、市場に向けてアジアのオンリーワンを作ることが大切だ。香港でヒットするだけでも大きなビジネス規模になる。

沖縄は歴史的・文化的特質から独自の物を作れる。沖縄らしくなくてもいい。オンリーワンを目指す物作りは大事だ。

ただ、本当の強みは物流や人、情報のネットワーク。日本のハブをうまく利用することも大切だ。沖縄の物流ハブに関心があるのは北海道という。北海道は非常に優れた野菜や海産物などがある。これを香港や中国、台湾に直接売るのも可能だが、毎日のように航空便が飛んでいる沖縄で最終加工すれば、賞味期限を1日稼げる。北海道から見ると活用するメリットがあるし、沖縄も日本のいろんな地域の生産物を生かすことができる。そうしたハブの実現は非常に大事だ。

――沖縄がやるべきことは。

まずは成功事例を増やすことだ。ものすごい勢いで観光客が増えている。その中でリピーターとなった人たちの行動を見ながら次のアイデアを考えるべきだ。役所が考えて上から推進するより、現場の観光関係者が知恵を出すことが大切だ。

――富裕層誘致は重要だ。

今の沖縄観光は団体バスによる移動も多い。アジアの富裕層がそれを好むだろうか。滞在型の本格的リゾートをもう少し考えてもいい。

ハワイは大衆向けの宿泊施設だけでなく、非常に高いレベルの滞在型施設も充実している。富士山のように裾野は広いが、頂《いただき》も高く、高い質から大衆向けまでそろっている。沖縄は残念ながら上の方はやることがまだ多い。

――沖縄の経済的自立はどんなイメージか。

沖縄らしさをどんどん前に出し、経済モデルを提示するということに尽きる。観光、食、産業、物流から成功を収めていけば、おのずと自立が見えてくる。

沖縄の存在意義は交流の核となることだ。何でも自分らでやる、作るのではなく、いろんな地域や国とネットワークを広げることが自立の一番の近道だ。見通しは非常にいい。沖縄の人口も他の地域に比べて増えており、恵まれている。

富川盛武氏

とみかわ・もりたけ　一九四八年、沖縄県北谷町生まれ。明治大学大学院修了、八五年から沖縄国際大学教授。経済学博士。沖縄経済論などで著書多数。沖縄県の審議会で沖縄の振興計画「21世紀ビジョン」を取りまとめた。沖縄県アジア経済戦略構想策定委員会委員長。

出所：観光庁「訪日外国人消費動向調査」集計表（2013年、1－12月期）

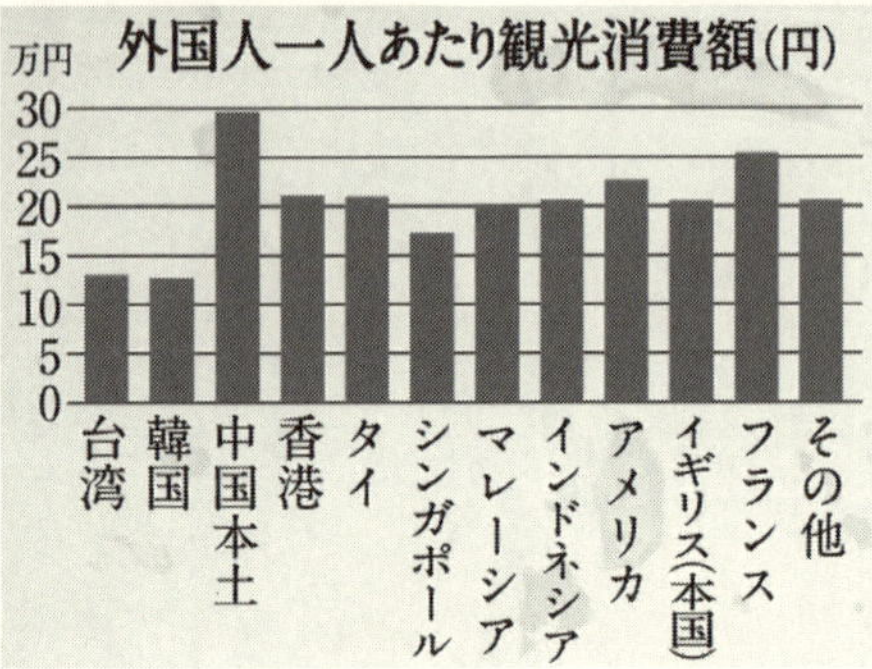

——沖縄の自立像は。

他に依存しないで自分の力で自分のエンジンを持って発展すること、歴史の常でいろんな変動要因はあるが、自分の意思で自分の方向を決めて突破していくことだ。たぐり寄せる時はたぐり寄せ、せき止める時はせき止める自己決定、沖縄の利益の最大化を考えることだ。例えばＴＰＰ（環太平洋戦略的経済連携協定）で、国は「サトウキビは守る」と言っているが、ギブアップもあり得る。その時は「地域の利益を最大にする」というローカルルールにのっとり辺野古新基地反対のように反対することもあり得る。

——沖縄の可能性は。

今、時流が味方している。この好機をとらえないと浮上できない。中国、

ＡＳＥＡＮ（東南アジア諸国連合）に至るまで重層的にうごめいている。この状況を操作しないと絶対に発展できない。今までは日本政府にお願いするスタンスだったが、日本は人口が減少しており、先進国の中でも力が落ちてきている。

沖縄21世紀ビジョンには「沖縄の可能性が顕在化すれば、日本経済の再生に役立つ」という文言を入れた。文化の話が最初で、経済ではない。海外の先進国はＧＤＰ（国内総生産）は高いかもしれないが犯罪も多い。人間を大切にする伝統文化を大切にしながら実質的な豊かさを求めるべきだ。ＧＤＰはその中の選択肢。アイデンティティーや文化を守りながら豊かさを求める視点だ。

――産業の柱で注目点は。

観光だ。観光入域者数は増えているが、観光収入は減っている。1人当たりの消費量が減っており、約6万8千円だ。だが最近は外国人観光客が、二〇一二年の38万人から一三年には62万人へと急激に伸びている。中国人観光客は1人当たり29万円も使っている。外国人が約１５０万人来ると基地収入の効果を上回る。滑走路が2本になれば２００万人は可能だ。そうすると、裏打ちのある自立経済が見えてくる。なぜリッツカールトンなど外資のホテルが沖縄に進出するのか。世界のマーケットが沖縄を認めている証拠だ。外国人観光客の開拓は自立につながる。

――沖縄に必要なことは。

沖縄は島だ。資源もマーケットも限られている。発展するには外との関係性、ネットワークを構築し、それを操作する才覚が必要だ。琉球人は王朝時代、中国から最先端の学問や技術を学び、それを利用し、貿易をした。私たちの先達は資源がない分、技術などを巧みに操作し、マーケットとマーケットを結ぶ才覚があった。それが今、必要だ。

——操作力はどう築くか。

国際的感覚、経済の視点で言うと世界規模、少なくともアジア規模のものの考え方が大切だ。沖縄はしなやかさはあるが、したたかさに欠けている。かつての琉球人が備えていた国際的才覚、アジアに打って出る姿勢が重要だ。インターンシップでアジアの動きを体験し、国際感覚を磨いてはどうか。アジアで何が起きているのか、マーケットはどうなっているのかを実際に自分の目で見る。県職員もそれをやった方がいい。

平良朝敬氏

たいら・ちょうけい　一九五四年、沖縄県那覇市生まれ。七六年、ホテルなは入社。九一年ホテルなはを「平盛リゾートエンタープライズ」に改組および社名変更。二〇〇三年に「かりゆし」に社名変更。現在、かりゆしグループのCEO（最高経営責任者）。

——自立経済をどう考えるか。

何をもって自立と見るか。全体の収支で支出の方が多いから自立していないと考えるのか。それならば

日本で自立できるのは東京だけだ。沖縄振興計画でも「自立」を使っているが、指標を変え、私たちが日本に果たす役割は何かということに軸足を移すべきだ。世界、アジア、日本に対し、沖縄は何ができるかだ。沖縄は今まで地理的に軍事的要《かなめ》とされた。裏を返すと経済においてもアジアの扇の要になり得る位置だ。地理的優位性は、経済の観点から非常に重要になる。

――経済的優位性とは。

北を見ると日本の約1億3千万人がいる。大陸や南西方向は約20億人が住んでいる。そこは今まで世界の工場だったが、今後はマーケットになる。ＧＤＰ（国民総生産）、生活水準もどんどん上がっている。富裕層もかなり増えている。そこに対し沖縄、日本の潜在的可能性が高いのは安心安全であるということだ。品質が良い日本の商品は一つの大きなブランド力だ。これを使って約20億人のマーケットにどう仕掛けるかだ。

――沖縄の役割は。

キーワードは「交流」「物流」、この二つを結ぶのが「情報」、つまりＩＴだ。この三つが重なり合えば、沖縄の潜在的可能性の高さを生かして日本を支えることができる。日本の物をアジアに売り、アジアの物を日本に渡す。もっと壮大なパターンもできる。

南の玄関口としての沖縄に人が来て、そこに情報が集まれば、ニュービジネスが生まれる。果てしない可能性がある。軍備よりも有効な安全保障は人と人との交流だ。沖縄はその役目を担える。

――沖縄に必要なものは。

観光インフラだ。沖縄振興計画による道路などのインフラ整備で景観が壊されてしまった。確かに便利になったが、将来はあるのか。景観を含めた観光インフラ整備を、国ではなく県が決めた施策で推し進めるべきだ。沖縄の魅力は大きい。アジアから見ると、とてもきれいな海があり、素晴らしい文化もある。それを磨いていくことが最も大切で、そのための行政の役割がある。

――今後の課題は。

中央政府の規制緩和をどう勝ち取るかだ。一国二制度ができれば沖縄は変わる。国際的感覚を身に付けた人材の育成も必要だ。観光は裾野が広い総合産業。屋上緑化やしまくとぅばの奨励などを一つ一つやっていくことだ。宮古、石垣などには独自の言葉がある。本土の人は、本島、宮古、石垣の言葉の違いに大きな関心を示す。これは大きな観光資源だが、まだ生かし切れていない。耳や目など五感に訴えるソフト作り、演出が課題だ。かりゆしウエアは県議会から始まった。トップが変われば社会も変わっていく。これからは、まず沖縄をものすごく意識し、言葉にしていく運動が大切だ。

仲地　健 氏

なかち・けん　一九七〇年、沖縄県沖縄市生まれ。明治大学大学院政治経済学研究科博士後期課程修了。博士（経済学）。沖縄国際大学教授。同大学産業総合研究所所長。日本地方自治研究学会理事。沖縄県産業振興公社理事。

――沖縄の財政の現状は。

日本復帰の年（一九七二年）の県民総所得は5千億円近くだが、二〇一〇年は約4兆円で、約8・2倍になった。軍関係受取は777億円から2080億円の2・7倍。総所得に占める軍関係受取の割合を基地依存度として見ると、一九八〇年代中盤から5%程度でしかない。県経済は基地収入以外で所得が増えている。例えば観光収入は320億円から4千億円超へ12倍以上、総所得よりも大きい伸びだ。

ただ、財政依存度（公的支出額／県民総所得）は強まった。復帰当初の25%から最近は38%だ。総所得4兆円のうち約1・5兆円は国から入ってくるお金だ。復帰を境に沖縄経済は基地依存から財政依存に体質が変わった。本土との格差を是正するために公共投資を活発にやってきたからだ。といっても、全国的に見ると財政依存度は全国5位だ。

――財政への誤解もある。

国からのお金を「多くもらっている」という人がいるが、類似10県と比べるとそうでもない。沖縄は1人当たりの公的支出額は105万円で17位だ。沖縄だけ「国におんぶに抱っこ」ではない。国庫支出金や地方交付税と別枠で、3千億円の一括交付金をもらっていると思い込んでいる人もいるが、それも間違いだ。

地方交付税制度は税収が少ない自治体にお金を配分する仕組み

国税と補助金1人当たり受益率
（地方交付税＋国庫支出金＋地方譲与税、2012年度）

	国税	補助金	受益率（補助金／国税）	順位
和歌山県	26.1	45.8	1.8	24
宮崎県	16.0	45.4	2.8	13
長崎県	13.7	49.6	3.6	7
岩手県	15.7	101.6	6.5	1
鹿児島県	16.3	49.8	3.0	10
徳島県	16.4	47.4	2.9	12
沖縄県	19.3	49.0	2.5	16
秋田県	13.7	52.9	3.9	5
鳥取県	12.9	56.0	4.3	4
高知県	13.5	60.8	4.5	3
島根県	13.8	68.0	4.9	2
11県平均	16.1	56.9	3.5	

（注１）補助金には、県財政だけでなく市町村財政も含まれる　出所：国税庁「国税庁統計年報」、地方財務協会「平成24年地方財政統計年報」、国税と補助金の単位は円

※仲地健沖縄国際大教授作成

だ。標準的な行政サービスを提供するのに必要な額（基準財政需要額）を地方税で賄えない分は、国が地方交付税を出すことで自治体の財源を保障している。

注目すべきは、沖縄県の基準財政需要額が財政指標類似10県の8割弱ということだ。本島中南部に約100万人いて人口密度が高いので効率的な行政ができるから他県より金がかからない。つまり支出が8割で済むため、収入も8割あればいい。沖縄の税収が低いことが強調されるが、歳出を考慮し収支バランスで見ると、沖縄県の財政力はむしろ類似県平均以上だ。

――沖縄は米軍基地がなくてもやっていけるか。

自治体財政に関して言えば、極端な話、来年基地が全部なくなってもまったく困らない。財源不足分は地方交付税で自動的に穴埋めされるからだ。基地がないと北海道夕張市のように財政破綻する自治体が出てくるかといえば、それはあり得ない。

――財政から見た場合、沖縄の自立をどう考えるか。

国からの補助金は県民1人当たり約49万円。逆に国に納める税金は約19万円で、約30万円の受取超過（類似県平均は41万円）であるが、この額は全国16位だ（表）。自立をどう捉えるかだが、補助金よりも納税額が多ければ、自立していると言えるかもしれないが、それは国と地方の財政関係を抜本的に改革しな

い限り、どの地方も難しい。

——沖縄の課題は。

教育に力を入れることが重要だ。子どもの学力は親の所得に比例することが分かっている。所得は生産への貢献度に応じて市場で決まるため、一気には上げられない。個人が伸びれば、いろんな意味で経済的自立につながる。

岡田 良氏

おかだ・りょう　一九六二年、大阪府生まれ。数学の教員の後、システムエンジニア、新規事業企画開発を経て現在那覇市IT創造館館長。インキュベーション・マネジャー。那覇市を中心に100社を超えるIT企業の立地・支援や育成に取り組んできた。

——沖縄のITをめぐる経済状況は。

県は一九九八年に自立経済を目指し、マルチメディアアイランド構想を打ち出した。ITは東京でなくても可能だとして企業誘致が始まった。誘致してきたコールセンターは労働集約型の産業だ。もっと高付加価値のビジネス誘致も取り組まれた。

その結果、県内の立地企業は二〇一三年度までに新たに301社に増え、雇用者数も約6千人から約2万5千人まで膨らんだ。

ただ、IT業界は全体的に1人当たりの生産高が落ちている。東南アジアなど安いところに発注するので価格破壊が起きた。プログラマーが花形の時代は変わり、単価がどんどん落ちる一方、新しいビジネスモデルも生まれた。そこに高付加価値が付いている。例えば、経営者が検索サイトで自社の商品を上位にヒットするようにするSEO（検索エンジン最適化）対策だ。

――ITなど産業振興で重視すべきことは何か。

これまでは雇用の創出と企業の成長に重点が置かれていたが、今後は成長後、地域にどれだけ波及効果を生み出すかが大切になる。投資型に変え、生産性を上げていく形だ。それが最終的には地域の振興につながる。

例えば那覇市は最近10年間、法人税だけで数十億円増えた。各種の産業振興（例として那覇市のIT創造館など）に投資し、その後、環境が整備されていった効果も含まれる。建物や人材への投資が地域の経済効果に現れることが大切だ。

――企業立地で大切なことは。

企業が来たくなる誘因、特に人材育成とのマッチングだ。東京のITは人材不足。地方に行かないと人が見つからない。地方に行くときにIT企業が心配するのは、そこの人材はITにどれだけ興味があるのか、学校など教育機関はどういう教育をしているかだ。

東南アジアに目を向け、沖縄を拠点にしたい企業はけっこうある。ただ、どうしても沖縄でなければならないという企業はない。働く人の育成、企業が居やすい環境づくり、新たな雇用をうまくスタートアップできるための支援が必要だ。

――産業振興の課題は。

沖縄が自己決定できる仕組みと制度設計が大事だ。業界にどういう人やスキルが必要で、スキルを習得できる予備群はどういう人かなどを見込んだ設計だ。一番大切なのは、県など自治体が民間に負けないくらいのスピードで政策を作ることだ。日本の公務員はソフト事業に弱い。

これまでの沖縄振興計画も、ひも付き予算の道路や建物などハード重視だ。しかし今、人材育成などソフト事業に自治体の税金を「投資する」ことを基軸にした制度設計が問われている。各地の実態や特性をきちんと把握し、そこに適した振興策を練り上げ、具体的成果の物差しをきっちり作ることが求められている。

沖縄へ立地した情報通信関連企業の推移 ※沖縄県のＨＰより

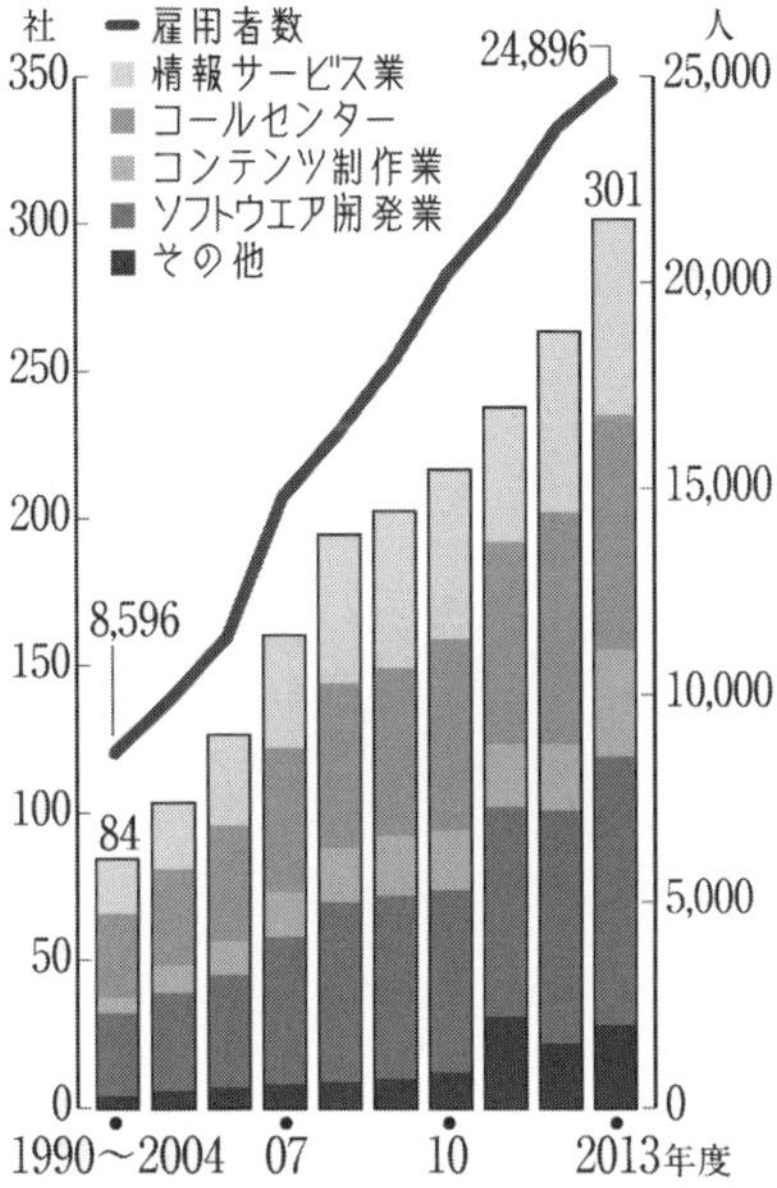

島袋純氏

しまぶくろ・じゅん　一九六一年、沖縄県那覇市生まれ。早稲田大学大学院修了（政治学博士）。琉球大学教授。専門は行政学・地方自治論。スコットランドなどとの国際比較研究を基に、自治基本条例や道州制のテーマを研究。主著に『「沖縄振興体制」を問う』（法律文化社）など。

――沖縄振興策の問題点は。

そもそも既存の米軍基地を復帰前と同じレベルで自由使用できる権利を米国に与えるということが、その目的だ。基地存続は著しい人権侵害だが、それを「仕方ない」と県民に受け入れさせるためのアメということだ。ただそれを表だって言うと沖縄が反発するので、米国統治27年間の苦労に報いる「償いの心」を表したものである、というのが振興策の建前だった。

一九九六年ごろから「償いの心」が全く消え、基地への見返り、すなわち補償型政治の仕組みに変わっていく。アメであることは一貫している。「基地負担から発生する閉塞性の打破」「基地負担軽減」のための振興策へと変わる。「見返り」と露骨には言わないが、「負担軽減」とは、基地を提供していることへの補償という意味だ。

最近ひどいのが、沖縄振興予算は他府県がもらっていない3千億円を、純増でまるごともらっているかのような宣伝だ。そんなことは全くない。国道整備など他府県でもやっている普通の国直轄事業を振興予算の中に含んでいる。振興策の看板を利用し「純増の特別予算をもらっているから基地を受け入れろ」という、間違った主張の根拠に使われている。悪弊が大きい。基地存続を絶対条件とする仕組みの下では真の意味の経済的自立はあり得ない。

――「自立的経済」を掲げてきたが、効果は乏しい。

農業基盤整備や下水道、港湾などの社会資本関係の事業は、各担当省庁が全国的な観点で予算化する。これらの整備は他府県ではほとんど終わっている。振興策でそれらが9割補助される沖縄でもほぼ終わっている。沖縄では整備率が他府県を上回る状況も出てきており、社会基盤整備の公共事業予算は増えない。

一方、競争原理徹底の名目で県の公共事業の談合を厳しく摘発する事態が起きた。府県レベル事業の談合摘発は以前は考えられなかった。競争原理を徹底すれば入札条件などで地元企業は大手企業に勝てない。裏を返せば地元が仕事を取れない。大手ゼネコンが国直轄事業の地方分、さらに県発注事業もどんどん取っていく。

その金は本社機能のある東京に環流するから、東京は一人勝ちし、さらに一極集中化していく。いわゆるザル経済、還流経済で、構造化された植民地経済システムと同じだ。これが沖縄経済を弱くし、沖縄社会を分裂させて格差を拡大させている。

――是正の方策は。

一つは他府県と全く同じ制度にする代わりに基地も全部他府県

並みにしてもらい、筋の悪い怪しい補助金をもらわないようにする。もう一つは国直轄事業や補助事業など振興予算全額を一括交付金化して固定化し、補助金適正化法の適用を除外させて一般財源化することだ。全部県予算に基づく県発注事業として地元が優先的に仕事を取れるようにする。

振興計画の中で目標を明確化し、数値目標を出して議会が進捗状況を管理する仕組みが大切だが、できていない。これでは議員も職員も政策形成能力は上がらない。これまでの自治体職員は国の9割補助のメニューから事業を選んで予算を極大化することが自治だと思ってきた。この仕組みは植民地経済の在り方で、行政職員が反抗できない植民地構造の歯車にさせられてきた。これを根本から変えないといけない。

友知政樹氏

ともち・まさき　一九七三年、沖縄県浦添市、与那国町出身。カリフォルニア大学アーヴァイン校数理行動科学研究所博士課程修了。沖縄国際大学教授。琉球民族独立総合研究学会共同代表。主論文に「第6次琉球処分の視点からMV22オスプレイの琉球強行配備を考える―『琉球独立総合研究学会（仮称）』の設立をめざして」（うるまネシア15号）など。

――独立論を唱えているが「独立したら飯が食えるか」との疑問を持つ人は少なくない。どう説明するか。

沖縄の収入の現状は、全体を100とすると、うち基地依存割合は今やたった5だ。日本への財政依存

が仮に50とすると、独立すれば「100−5−50＝45」となり「イモ、はだしになる」という話を耳にするが、これは完全に間違いだ。

正解は「100−5−50＋5X＋α」だ。基地がなくなった後の経済効果の倍数は未知数なのでXとする。都市部は30倍というデータもある。例えば那覇空港周辺や浦添、普天間、嘉手納などの一等地に米軍や自衛隊がいる。それが返還されるだけでも、何十倍もの経済効果が上がるだろう。一方、北部訓練場などやんばるの森林なら何十倍とはいかないかもしれない。それらの平均値がXに入る。つまりXは基地跡地利用による経済効果の倍数の平均値で、5Xの「5」は基地依存の割合。仮にXに10が入れば「100−5−50＋5×10＋α＝95＋α」となる。

残りのαは琉球人のアイデアや努力に比例する。独立すれば琉球が自由かつ主体的な経済政策を実行でき、αをある程度コントロールできる。一方で、αは外部からの影響も当然受ける。国際マーケットからの評価などだ。アイデアを出し合い、努力し、うまく利用すれば、独立後のαは大きくなり得る。今後のより具体的なシミュレーションや議論、実践により、疑問が希望へと変わるだろう。

――基地が返らないと独立不可能ということか。

基地が返ってきた後に独立するのではなく、独立したら返ってくる。琉球が主権を持つからだ。ちなみに独立学会はすべての軍事基地撤去をうたっている。一義的には経済ではなく、真の平和のためだ。この姿勢は譲れない。軍隊がいるから、そこで戦争が起こる。基地があれば標的にもされる。それが沖縄戦から学んだ教訓。基地の存在は経済問題の前に、命の危機の問題だ。

――外部との関係をどうみるか。

琉球の位置をみると、東京より近い所に上海、台湾という巨大なマーケットがあり、東京と同じくらいの距離に北京、香港、ソウル、マニラがある。決して「南海の孤島」ではなく、東アジアのセンターだ。これらのマーケットを活用すれば、経済的観点からも独立は決して夢物語ではない。今や世界には米国主導の世界銀行だけではなく、BRICS銀行（新開発銀行）も本格始動する。協力を仰ぐ選択肢が複数になる。琉球に時勢が味方している。

――資源については。

隣の国々にはない、琉球が誇れる資源として清《ちゅ》ら海や空、独自の歴史、文化がある。例えば、スコットランドは石油があるから独立の機運が盛り上がったといわれるが、琉球には観光資源がある。石油は使えば確実に減るが、観光資源は増えても減ることはない。琉球には資源が「ない」のではなく「豊富にある」という発想への転換が必要だ。

――独立の利点や意義は。

琉球のことを琉球人が決めることが可能になる。ヤマトにさまざまなことを強制され続けてきた状態から脱して自由になる。同時に、東アジアや世界の平和センターを担うべき責任も生じる。歴史的にみても、アジアの国々、そして世界中から支援を得られると思う。

Ⅳ

自己決定権確立へ向かう世界の潮流

国連人種差別撤廃委員会に対し、琉装で辺野古新基地建設の即時中止を訴える糸数慶子参議院議員（中央）＝2014年8月20日、スイスの国連人権高等弁務官事務所

1　スコットランド独立住民投票を見る

＊中央政府承認の独立住民投票は世界初

世界の潮流は住民の自己決定権確立へと向かっている。その実際の動きを知るため、二〇一四年9月はスコットランド、その前に8月にはパラオへと飛んだ。

スコットランドは、英国北部に位置し、人口は約525万人で英国全人口の約8％、しかし面積は英国全土の約3分の1を占める。一七〇七年にイングランドと統合するまで独立王国だった。沿岸部は北大西洋と北海に接し、海洋油田の石油埋蔵量はヨーロッパ随一といわれる。英国の分権改革により、一九九九年にスコットランド議会が設置された。議会では独立を公約に掲げるスコットランド国民党（SNP）が第一党を占める。

一四年9月18日に実施されたスコットランド独立の是非を問う住民投票では独立が否決されたものの、最大都市グラスゴー（人口約60万人）のジョージ広場は独立派の人々の熱気があふれていた。この地域では独立賛成票が反対票を上回った。「独立するまで運動を永遠に続けよう」。大勢の聴衆から拍手が湧き起こった。

広場に集まったひとり、シナータ・ケネディーさん（81歳）は「投票は無駄ではなかった。中央政府は目を覚ました。全英各地に問題があることに気付いた」と意義を強調した。

全英の注目が高まったのは投票日のわずか約2週間前。世論調査で独立賛成が反対を上回ったからだ。独立派の勢いで中央政府はパニック状態に陥った。

スコットランド独立支持派の集まりで民族楽器バグパイプを吹く男性と男の子＝2014年9月19日、スコットランド最大都市グラスゴーのジョージ広場

慌てたキャメロン首相は投票前、スコットランドに「最大の分権」（ディボマックス）を約束した。これは2年前、スコットランド側が投票の設問に入れよと主張したが、首相自ら断ったものだ。「圧勝」を見込んで賛成・反対の二択にし、独立の動きの芽を摘もうとした。当初、拒絶した条件を差し出してでも独立を阻止したかったのだ。

独立支持者の銀行員キャリー・フセインさん（24歳）は「スコットランド人が今までなかったほどの熱意と団結を証明した。反対票を投じた人が後悔しないように首相は公約を守ってほしい」と願った。

英国の国力が低下するとして結果が注目された今回の住民投票。人々の亀裂や対立も報道されたが、世界史的に見ると、そこに至るまでの過程も大きな意義を持つ。国家内の地域の独立について、国連などの介入や紛争なしに、中央政府が住民投票を認めた世界初のケースだからだ。

ストラスクライド大学のジョン・カーティス教授（政治学）はアイルランドやユーゴスラビアなど、軍事力を行使して独立した例を挙げ、「国民国家の一部地域が独立することは政治の世界の中で最も難しい問題だ。軍事力を使わずに投票によって民主的に離れるというのは画期的だ」と話した。

キャメロン首相が「油断した」とも言われているが、民主的手続きに基づき、平和裏に住民投票を実現した面で、今回のケースは世界的な模範例と言える。集票合戦でも「流血」の事態は起こらず、コリン・フォックス社会党党首によると、衝突は「賛成派市民が投げた卵一個が反対派市民の頭に当たっただけ」という。

この住民投票の過程は沖縄にも大きな示唆《しさ》を与える。現地を訪れた島袋純・琉球大学教授（政治学）は「世界史的に極めて重要」と指摘し、こう語る。

「主権国家から主権の分離を行い、一地域が平和に独立していく公式の過程を初めて示した。これらはすべてスコットランド側の働きかけでスコットランドの主体性をもって取り組まれた。沖縄にとどまらず、世界的秩序の再編の先駆けとなる可能性さえある。沖縄が同じような取り組みを進めるとすれば、極めて重要なモデルだ」

＊貧困層ほど「イエス」

住宅の扉を一軒一軒ノックして回り、こう尋ねる。「生活にどんな不安がありますか」「政府に今、何を望んでいますか」。仕事、教育、低収入、年金……。多様な答えに対し、独立した場合の政策を丁寧に説明する。スコットランド独立に「イエス」を呼び掛けるときの手法だ。400以上の団体、約3万5千人が戸別訪問や小さな集会など草の根運動を繰り広げた。

スコットランド中心都市エジンバラの郊外の高級住宅街。そこに住むスコット・マンソンさん（65歳）と妻ローズマリーさん（64歳）は独立に賛成し、家の窓に「イエス」の文字を掲げた。

マンソンさんは銀行員を25年勤めた経験とデータ分析を基に、独立した方が経済はうまくいくとみる。特に人口を重視する。独立することでロンドンへの人材流出を食い止める一方、入国管理の規制緩和など人口増加策を打つ。水力発電など豊富な再生可能エネルギー技術や石油資源の輸出で経済の自立は可能との考えだ。

マンソンさんの住宅からわずか1マイル（1・6キロ）先には貧困層の居住区がある。国民保健機関に勤めていたローズマリーさんは中央政府の施策で社会保障費が削減され続けていることを問題視する。「こちらとあちらでは収入に300倍の開きがある。不公平すぎる」。夫妻は失業者に仕事を与え、不公平を是正すべきだと強調する。

戸別訪問の手応えでは、労働者層や貧困層、60歳以下に「イエス」が多いという。「社会的弱者はこの機会にやっと自分らの声を聞いてもらえるとみている」

「イエス」支持の急増は中央政府主導に対する不満が大きい。特に、社会保障費の削減、膨大な費用を要する核兵器更新への批判は強く、住民投票の争点になった。スコットランド議会第1党のスコットランド国民党（SNP）に所属するジム・イーディー議員は「中央政府は国民全体の信頼を失っている。ス

スコットランド独立支持の署名を呼び掛けるコリン・フォックス社会党党首（左）＝エジンバラ

コットランドは独立して中央政府の代わりに経済、政治を良くしたいのだ」と説明した。

世論調査などによると、60歳以上の約3分の2は独立に反対で、貧困層ほど独立支持の割合が高い。独立派のコリン・フォックス社会党党首は「38万人の貧困層が勝敗の鍵を握る」と予想。「大半の大手メディアは反対派だが、ソーシャル・ネットワーキング・サービス（SNS）で対抗し、政府の圧力には草の根運動で対抗した」と話した。

結果は反対派が上回った。ジョン・カーティス教授は、「生活が安定している人ほど、生活を変えたくないという意識が強く働いた」と分析した。

大手酒造業シーバス・ブラザースの元重役で独立に反対したジョン・アシュワース氏はSNPの経済政策について「弱すぎる。特に雇用創出策は具体的根拠を示せなかった」と批判した。「多くの人々の不安をぬぐえなかった。反対票が賛成を上回ったのは冷静に判断したからだ」と語った。

＊住民主導で「分権」を推進

スコットランド独立の是非を問う住民投票前日の17日、中心都市エジンバラ。繁華街で独立支持を訴える運動員の中に社会党のコリン・フォックス党首の姿があった。2年間、街頭で支持を訴えてきた。市民が次々署名する姿を前に手応えを感じつつ、「最後まで『勝つ』とは言わない」と運動の緩みを警戒する。これまで投票に行かなかった層の動向が勝利の鍵と見ていた。

3万5千人を動員した戸別訪問では、支持の訴えだけでなく、有権者登録をしていない人の登録手続きを手助けした。貧困層を中心に、前回総選挙で登録しなかった38万人を掘り起こしたという。新規登録者の名簿を基に、当日まで投票に行くよう促す戦術で、「この人々の票こそ秘密兵器だ」と話した。

今回の住民投票では投票資格が通常選挙の18歳以上から16歳以上に引き下げられた。若者の間で独立をめぐる議論が活発化し、学生1万人が参加したテレビ討論会も行われた。

「スコットランドがイングランドと連合国になって300年余の間で一番大きな出来事だ。スコットランドがこんなに盛り上がったことはない」。大学で教壇にも立つ経営者コリン・マッケンジーさんは住民投票への熱気をこう話した。結局、投票率は84・59％（有権者約428万人）という驚異的な数字を残した。

これまでにスコットランドは大きな分権改革を経験してきた。一九九七年のブレア政権誕生以後二〇〇〇年にかけ、英国連合王国を構成するイングランド、ウェールズ、北アイルランドと共に地域議会が設けられ、英国議会からの権限委譲が進んだ。

特にスコットランドへの委譲は大きく、主要立法の制定権と課税変更権が付与され、英国議会とほぼ肩を並べる存在となった。大きな特徴は、住民自ら分権の姿・形を描き、分権推進の運動を主導した点だ。分権化の是非を問う一九七九年の住民投票では規定の条件に達せず、地域議会の設置は見送られたが、九七年の住民投票で実現した。

スコットランド独立を公約に掲げるスコットランド国民党（SNP）は、九九年の総選挙で35議席（定数129）を獲得し第二党となった。二〇一一年選挙では69議席に大躍進し、住民投票の大きな原動力となった。

「この流れは止められない」。賛否両派が接戦を繰り広げ、盛り上がったことでマッケンジーさんはこう確信する。SNPのジム・イーディー・スコットランド議会議員も「アラジンの魔法のランプから願いをかなえる魔神ジーニーが飛び出した。もう戻れない。10～15年先にまた投票がある」と語る。

一五年5月の英下院総選挙でSNPは大幅に議席数を伸ばし、第三党に躍進した。今後注目されるのは、一七年のEU離脱を問う英国国民投票だ。国民投票で「離脱」となれば、EU（欧州連合）残留を掲げるSNPなどスコットランド側との対立も予想される。独立派のギャリー・スチュアートさん（28歳＝公務員）は言葉に力を込める。「EU離脱をめぐってキャメロン首相と対立すれば、また住民投票があるかもしれない。絶対に独立したい」

＊核装備の原潜基地の撤去

スコットランド最大都市グラスゴーから西に約40キロの所にある人口約1200人のゲアロックヘッド村。入り江の川河口には、英国唯一の核兵器を積んだ原子力潜水艦の母港クライド海軍基地がある。原潜4隻が、核弾頭をつけたトライデント・ミサイルを搭載する。草木が茂る緑を背景に静かな海面が広がる風景は、名護市辺野古《へのこ》を想起させる。

向かいの海岸には原潜を監視する「ピース・キャンプ」がある。古い大型車などに十数人が寝泊まりしながら出入りする。「一つの手を差し出してくると、必ずもう一つの手によって代償として何かを持ち去られる」。キャンプに滞在するエディーさん（48歳）はこう語る。お金や雇用の「代償」は「命だ」という。「スコットランドに核は要らない」

スコットランド独立の是非を問う住民投票では「核兵器撤去」も大きな争点になった。独立派は維持費や更新費に膨大な税金がかかるとして、核兵器を撤去し、その分の予算を社会保障費に充てると訴えた。核兵器を廃絶すれば、米英同盟の弱体化につながり、米国の世界的な軍事戦略に影響を与える可能性があった。スコットランド以外の英国領土には、直ちに核兵器を保管できる場所がないからだ。島袋純琉球大学教授は「英国は原潜と派兵によって米国の覇権を支える重要な役割を果たしてきた。スコットランドの独立は、米国の軍事的な世界覇権に重大な変更を迫ることを意味する」と話した。

英国の核兵器は設計や開発、情報、材料、技術の提供まで、ほとんど米国の支援に頼っている。

オバマ米大統領は二〇一四年9月17日、「英国は米国にとっての重要なパートナーで、強く安定し団結した国であってほしい」と述べ、独立反対を表明した。ストラスクライド大学のジョン・カーティス教授（政治学）は「英国の核保有を望む米国は、スコットランド独立の動きをすごく懸念した。スコット

英国唯一の核兵器を積んだ原子力潜水艦の母港「クライド海軍基地」＝スコットランド

ランドは大西洋の北側の大きな面積を占め、戦略的に東西の通り道として非常に重要な場所だ」と述べた。

スコットランド独立構想「未来白書」の防衛部分を草案した元海軍将校のロブ・トンプソン氏は、「英国は軍縮を進めたが、米国と協力することで、まだ大きな軍事力を持っているかのように見せている」と指摘する。英海軍は10年前は約5万5千人いたが、現在は約3万1千〜2千人まで減ったという。「軍縮の結果、英国の海軍は日本の海上自衛隊よりも小さい」と話した。

「核兵器撤去は不可能だっただろう」。ピース・キャンプ代表のコレッテさん（42歳）は、スコットランドが独立しても、クライド海軍基地を英国王直轄《ちょっかつ》地あるいは米国所有地にして核兵器を維持したと予測する。米国の影響力を甘くみてはいけないとの認識だ。

コレッテさんは辺野古の新基地建設問題にも関心を示し、反対している人々に連帯のメッセージを送った。「政治や権力に操られず、自分が本当に正しいと思う気持ちを忘れないで」

＊新しい秩序が到来

スコットランド独立の是非を問う住民投票が行われた二〇一四年9月18日、投票者に話を聞いた。投票者はスコットランドの一地域を超え、世界的な視野に立って票を投じていた。

賛成票を投じたイゴー・スレポブさん（30歳＝映画制作）はイラクなどの中東情勢に鑑《かんが》み、軍縮と外交を重視した。スコットランドの核兵器撤去を公約に掲げる独立派を支持。「核兵器は要らない。北大西洋条約機構（NATO）の枠ではない、それに代わる平和の秩序を模索すべきだ」と話し、独立は新たな平和秩序へ向かう一歩という考えだった。

「スコットランドには平和主義的な考えが基本にある。イラク戦争や核兵器の保有に反対する人は多い」。独立派のコリン・フォックス社会党党首は、英国が米国の世界覇権を支える同盟関係に批判的だ。「NATOよりは欧州連合（EU）と絆を深めていくことが大切だ。独立すれば、米英同盟のような関係は持たない。米国よりEUが重要だ。EUの場で活躍したい」

フォックス党首によると、独立派政党はスペインのカタルーニャやバスク、ベルギーのフランダースなど独立・自治権拡大運動が盛んな地域の指導者と一三年から連絡を密に取り合い、お互い行き来し親交を深めているという。

スコットランド独立の是非を問う住民投票に投票した市民。投票所前には「イエス」派と「ノー」派それぞれの運動員が支持を呼び掛けていた＝2014年9月18日、エジンバラの投票所

欧州のこうした動きはEUの枠内にとどまることが前提だ。平和を大切にするEUの理念やルールの下、暴力的衝突を避けるという共通点がある。EUに加盟することで近隣諸国と緊密な関係を保ち、経済の安定や紛争回避を図る。その一方で身近なことは自分たちで決めるという潮流だ。

経済や人、モノ、情報のグローバル化が進む中、国家が超国家的共同体や国内地域に一定の権限を委譲する動きが世界的に起きている。沖縄の自己決定権の要求も、この潮流と無関係ではいられないだろう。

ジョン・カーティス教授は「今のグローバル化した社会の中で、30〜40年前と比べると、小さな地域でも独立してやっていきやすい環境になった。国家は従来の力を持たない。お互いを受け入れ協力し、話し合って物事を決める関係が深まった。この関係の中で『独立』は従来のような強い意味は持たない」と指摘する。世界秩序の在り方が新たな形に変容しつつあるとの認識だ。

しかし、今回の住民投票の結果は「ノー」だった。経済への不安が影響した。

会社を経営する傍ら、大学で経営学を教えるコリン・マッケンジー氏は「経済のことは誰も分からない」と話す。ノーが10％差で勝つとの予測は的中した。自身は独立に「心はイエス、頭はノー」という。ただ「最初からノーと言うのは嫌いだ」と話し、チャレンジ精神を重視する。

そしてスコットランド出身の著名人の名言を引いた。哲学者デイヴィッド・ヒューム＝「未来のことは未来が過去にならないと分からない」、経済学者アダム・スミス＝「経済は私たちがどう創り出すかだ」。その上でこう語った。「成功するか否かは人々のエネルギーにかかっている」

＊「分権運動の母」、沖縄を激励

始まりは挫折からはい上がった小さな市民運動だった——。一九七九年、スコットランド分権の是非を問う初めての住民投票が行われた。過半数が賛成したが、投票率が低かったため「総有権者40％以上の賛成」という条件がクリアできず、分権への試みは挫折した。

その直後、ひとりの女性が立ち上がった。後に「スコットランド分権の母」と称されるイソベル・リンゼイさん（71歳＝当時36歳）だ。「スコットランドの人々の考えを集約した民主的機関がないうちは独立は難しい。まずは分権によって自分たちの議会を持ち、段階を踏んで独立を目指すべきだ」。こう考え「私たちの手で議会をつくろう」と呼びかけた。わずかな人々の話し合いからスタートした。

スコットランド議会設置運動はこうして始まり、やがて大きなうねりとなった。八八年、政党や労働団体、教会など幅広い組織を網羅した、基本法制定のための「憲政会議」が設置された。リンゼイさんは共同代表の一人として、自治の基礎となる権利章典宣言や基本法の草案作りに奔走《ほんそう》した。

その結果、九七年の住民投票で分権が承認され、九九年、スコットランド議会と政府の設置が実現した。それまでは中央政府の担当相と担当省がスコットランドを治めていたが、議会と政府の設置以降、国防や外交、通貨、金融を除く内政のほとんどの主権を約３００年ぶりに回復した。

島袋純教授は「この運動の流れと分権改革がなければ、今回の住民投票へのステップは踏めなかった」と指摘する。

「民衆の力は必ず勝利を導く」と語るイソベル・リンゼイさん＝エジンバラ

リンゼイさんは九九年以降、住民投票に至るまでの過程を振り返り、二〇〇三年のイラク戦争が「転機だった」と話す。当時、中央の政権党・労働党が「どんどん右傾化した」。スコットランドの民意と中央政府の政策の隔《へだ》たりは大きくなったという。

今回の投票に際して、スコットランド政府が独立までの手順やこれまでの経緯を示した政策文書「スコットランドの未来」は、「今の仕組みの中で、異議申し立てをする機会なしに中央政府が重要な決定を下すことがしばしばあった」と記し、その例としてイラク戦争への英国参戦を挙げている。

今回の住民投票で独立は否決されたが、リンゼイさんは「パンドラの箱は開けられた。独立は時間の問題だ」と話す。

リンゼイさんは反核運動の先頭にも立ち、スコットランドの海軍基地の前で核兵器撤去を求め、座り込みなどの抗議行動を展開してきた。警察に何度も拘留された経験を持つ。名護市辺野古で新基地建設に抵抗している人々に向けて、「基地ができてしまうと撤去は難しい。今が一番大切だ」と激励した。

二〇〇三年に訪れたことがある沖縄には、特別な思いがある。自己決定権の要求が高まっている沖縄に、「明確な信念を支える民衆の力が大切だ。その力は必ず勝利を導く」とメッセージを送った。

2　非核非武装の独立国・パラオ

パラオ共和国は人口約2万人。520キロにわたり30以上の島々からなる。有人島は9島。面積計約500平方キロ。スペイン、ドイツ、日本、米国の占領統治を経験してきた。太平洋戦争前は沖縄からの移民も多かった。パラオ自治政府が一九八一年に施行した憲法は世界最初期の非核憲法だ。非武装も貫く。一九九四年10月1日に国連信託統治領から独立した。主な産業は観光である。

父が射殺された時の様子を現場で振り返るローマン・ベーダーさん。父の死後も、父が住んでいた時のまま、家を残している＝パラオ共和国・コロール州

＊自己決定権が島を守る

一九八七年9月7日夜、パラオ・コロール州の住宅地で3発の銃声が響いた。電気が止まり、島は闇に包まれていた。満月の光が照らす中、弁護士のローマン・ベーダーさん（64歳＝当時36歳）の事務所で事件は起きた。

事務所隣にある父親の家にいたベーダーさんは銃声を聞き、急いで事務所に駆け付けた。玄関には血まみれの父親が倒れていた。白いフードで顔を隠した3人の男が赤い車に乗り、現場を立ち去った。翌日、父親は息を引き取った。

「犯人たちは、父を私だと思って殺害した。父は私の身代わりになってしまった……」とベーダーさんは確信した。翌日はパラオ人女性ら28人が「米国の軍事戦略を認めるために違憲行為をした」としてパラオ政府を訴える裁判を控えていた。銃撃はその弁護を阻止する行動に出たとみられた。

米国を施政国とする国連の信託統治領だったパラオは、「自由連合協定」を米国と結ぶことが独立するための条件とされていた。協定には核兵器の領域内通過や非常時の核貯蔵容認を盛り込んでおり、その是非をめぐってパラオ人同士で激しい対立が起きていた。協定は非核をうたうパラオ憲法と矛盾するからだ。憲法第13条はこう記している。

「戦争に使用するための核兵器、化学兵器、ガスもしくは生物兵器、原子力発電所やそこから生じる核廃棄物のような有害物質は、国民投票数の4分の3以上の承認がなければ、パラオ領域内で使用し、実験し、貯蔵し、処理してはならない」

米国の支援金と引き換えに締結すべきだとする自由連合協定支持派と、締結に反対する非核憲法派の対立に、米国が圧力を加えた。非核憲法の修正と協定締結を狙い、パラオ政府への財政支援を大幅に削減したのだ。パラオ大統領は島の全就業者の3分の2を占める900人の政府職員を解雇せざるを得なかった。

憲法派の人々は、解雇された元職員から脅迫電話を受けたり、車、家屋が破壊されたりした。米国の圧力で小さな島の人々は分断され、傷つけ合った。

父の死から3カ月後、ベーダーさんは悲しみの底からはい上がり、「島の文化を大切にする」という父の信念を引き継ぐ決意をした。パラオの〝分断の象徴〟ともいえる父の死を乗り越え、パラオ独立の立役者のひとりとして活躍した。パラオは九四年の独立で分断を克服した。

ベーダーさんは20代のころ、太平洋の島々と連帯した非核運動の青年会議で議長を務めた経験もある。マーシャル諸島の核実験被害を「繰り返してはならない」との思いからだ。その時、沖縄の人々とも交流した。七〇年代には、沖縄での石油備蓄基地（CTS）反対闘争とも環境保護の立場で連帯した。沖縄へこうメッセージを送る。

「私たちは同じ島の人だ。自己決定権こそが、土地、海、人々を守れる。島の人であること、そして日

今も残る太平洋戦争時代の日本軍の通信施設。パラオ政府は戦争の記憶を絶やさないよう多くの遺跡をそのまま保存している

本や中国など大国とは違う存在であることを自覚し、お互いの違いを認め合い、尊重し合うことが大切だ。必ず道は開ける」

＊諦めたら未来はない

ベーダーさんの父が暗殺される2年前、一九八五年6月にも暗殺事件が起こっていた。殺害されたのはレメリク初代大統領だ。

核持ち込みを認める代わりに独立と多額な支援金が得られる自由連合協定を米国と結ぶか、それとも非核・非武装憲法を守るか――をめぐって島は二分された。

その対立が続いていたある日、非核憲法派指導者のひとり、ベラ・サクマさん（72歳＝当時42歳）が帰宅すると、家が焼かれていた。家族は運よく無事だったが、米国人の妻は怖がり、娘と共に米国に帰国、二度とパラオに戻らなかった。

その時サクマさんは、暗殺された大統領の言葉を思い出した。

「パラオを守るには覚悟が必要だ。子どもたちや将来のパラオ人を幸せにするか、悲しませるかを今の行動が決める。大事な時だ。諦めたら未来はない」。サクマさんも死を覚悟した。

非核憲法派の人々が命懸けになった背景には、島の苦しい経験があった。他国による占領、戦争、マーシャル諸島の核実験に、住民は傷ついた。さらに「動物園政策」と呼ばれた米国の支配が続いた。太平洋戦争後、米国はミクロネシア地域を他国に軍事利用させないために排他的な政策を取った。長期間、ミクロネシア地域への出入りを行政官などに限定し、経済活動を徹底管理したのである。

この状況を脱しようと、パラオの人々は自治を求めた。92％の高支持率で憲法を承認し、米国による国連信託統治の下、一九八一年に自治政府を勝ち取る。サクマさんは、この歴史の教訓が刻印されている憲法は「パラオ人の精神的支柱だ」と強調する。

「パラオ人には、島は家（ホーム）だという精神がある。米軍基地や核はホームを破壊する。日本や米国は私らを『守ってあげる』という口実で勝手に島を使っただけで、多くの被害をもたらした」

パラオは非核・非武装憲法を維持したまま、独立を果たす。現在は、米軍の施設は事務所や住宅が数棟だけの小規模施設が1つあるだけだ。実戦部隊はいない。協定で演習場として合意した地域も使われていない。

「僕らは武器は持っていないよ。民間協力だけさ」。米軍施設のトップ、ジョンソン海軍中将はこう説明する。陸・海・空軍の電気や建築の技術者13人が駐留する。ジョンソン中将も建築が専門だ。実戦部隊が入れないのは、住民の反対が根強いからだとサクマさんは指摘する。「実戦部隊が来れば、みんなで海岸に立って阻止する」

サクマさんは現在、非政府組織（NGO）で非核・環境保護運動に取り組む。米国市民からの支援も多く、最近5年間で約8千万円の寄付が集まった。「子どもや家族、生活を守るには自己決定権が必要だ。パラオは小さいが独立し、大国と同じ権利を持つ国連の一員だ。時代は変わり、国は互いに自己決定権を尊重し合う時代だ。非武装でもやっていける」と語る。

沖縄の人々に対しては「ジュゴンがいるのは太平洋では沖縄とパラオだけだ。海はつながっている。太平洋で同じ船に乗っている。一緒に闘いを続けよう」と呼びかけた。

＊問われた――開発か、環境保護か

沖縄本島中部の「基地の街」のかつての姿を思い起こさせる古い建物やトタン屋根が並ぶ。島の周りには透き通った海が広がる。パラオは海を中心とした観光の島だ。観光客は台湾人や中国人、韓国人、日本人が目立つ。パラオ人の服装は質素だが、若者はヒップホップ風に着飾る。スーパーや飲食店の食べ物はほとんど輸入品だ。

旅行社で働くパラオ人、ボド・スコボさん（36歳）によると、近年は米国の番組が見られるケーブルテレビがほとんどの家庭に普及し、インターネットや携帯電話などの影響で、ファッションや食べ物も含めてライフスタイルのアメリカ化が進んでいる。大学は短大が1校。パラオ人の平均収入は月約5万円。高収入職や進学を目指したり、アメリカ文化に憧れたりして米国に渡る若者は多いという。

観光客は一九九四年の独立時は4万人程度だったが、二〇〇四年からは年間7万～9万人台を推移。美

自然保護のため、海岸から1カイリ（1852メートル）以内の立ち入りが禁止されているセブンティー・アイランド。ジュゴンやウミガメの産卵場所だ

しい自然が保たれ、1人当たり消費額の高いリピーターが多いという。

一九九九年に台湾と外交関係を結び、支援金を得ているほか、台湾企業の活動が活発だ。米国や日本からの支援金も多い。農・漁業の収穫のほとんどが自家消費用か、国内の小規模市場向けだ。

有事の際の核持ち込みなどを盛り込んだ米国との自由連合協定に基づくパラオ政府の財政収入は、独立翌年の九五年度は１５０億円近くあったが、その後は減少し、九八年度からは年間約20億円台だ。二〇一五年度予算では約13億円で、一六年度からはさらに減り、二二年度からはゼロにする計画がある。不足分は法人税を上げて賄《まかな》うという。

「農漁業、製造業が弱い。地場産業を興《おこ》す必要がある」。繁華街の一角で22年間、宿泊施設を経営してきた金城文子さん（82歳）はこう語る。父が沖縄出身で、母はパラオ人、自身はパラオで生まれ育った。パラオ人は助け合いの精神が根付いており、若者は失業しても家族・親類に支えられるという。「パラオの経済自立には若者の教育が最も大切だ」と話した。

パラオ政府は、急速な開発よりも、昔からの暮らしや自然を大切にしながらバランスよく生活向上を図る施策を講じてきた。土地や自然保護、経済活動の面で、権限を発揮している。

土地には税金を課さず、外国人の所有を憲法で禁じている。サンゴの破壊やごみ投棄に罰則を科す保護策を州が定めたり、観光客が入れる島を制限したりしている。観光客に島への立ち入りや釣りに際して、保護名目の料金を求めている。

旅行代理店、タクシーやレンタカーなど観光関連業は、パラオ人経営企業しか経済活動を認めていない。外国企業が参入するにはパラオ人の共同経営者が必要となる。パラオ人の優先雇用や地元資本の保護策もある。

金城さんは「自分たちの土地と自然があるからこそ、自分で立っていける」と、地元保護策を支持し、パラオの将来を若者のチャレンジ精神に託した。

＊同化に抵抗、言語保護

校門から車で2分ほど草木の中の道を走ると、古い平屋の校舎にたどり着く。教室では、丸刈りの男子生徒、髪を結った女子生徒が机を並べ、真剣な表情で授業を受けていた。パラオの言語、文化、信仰、歴史を教えるパラオ人のための私立高校、モデクゲイ・スクールだ。英語の影響によるパラオ語絶滅の危機が叫ばれる中、パラオ独特の言語や信仰を保護・伝承することを目的に、一九七四年に設立された。

生徒は、社会で自立できるよう、大工や農・漁業、林業、縫製などの専門技術を学ぶ。一方で、パラオに関する科目「正式言語」「文化と習慣」「歴史」「社会」のいずれかを1日1時間学んでいる。

パラオの公用語はパラオ語と英語だ。全学校で小学3年生までパラオ語、その後は英語で教える。社会科でパラオの歴史を教え、リマースクールで伝統芸能を体験させる。若者のライフスタイルがアメリカ化する中、国内唯一のモデクゲイ・スクールは、パラオの言語や文化を守るとりでの役割を果たしている。

モデクゲイとは、パラオ語で「一つにまとまる」という意味で、古くからある土着宗教だ。第一次大戦後から太平洋戦争までの30年近く、国際連盟からの委任統治領として日本がパラオを統治した際、日本人に抵抗するモデクゲイ運動が活発化した。薬草による病人の治療、預言、パラオ貨幣の製造などで信者を増やした。

当時、学校では日本語が強要されていた。学校でパラオ語を話すと、子どもたちは棒で打たれた。モデクゲイの信者たちは学校を破壊したり、反日的な歌を歌ったりして、抵抗した。

これに対し日本政府は、指導者を何度も逮捕、投獄した。一九三七年時点でほとんどの村や地区の首長はモデクゲイ運動のメンバーだった。日本政府はこれを弾圧し、四〇年までに運動指導者のほとんどを投獄した。太平洋戦争が終わり、日本が撤退した後、モデクゲイは復活した。

現在、運動指導者のカリストゥス・ワシサさん(69歳)は父親も指導者だった。日本統治時代、父親は逮捕され、土地や財産をすべて奪われ獄死した。父親は日本人から「悪魔」と言われていた。九〇年ごろは3千人いたという信者は現在300人。学校の生徒数も七〇年代後半~八〇年代は200人いたが、昨年は40人弱に減り、今年は24人と、創立以来最も少ない。

ベデビ・チョーカイ校長は生徒の減少理由として、①私立で学費がかかる、②道路整備によってスクールバスの利用が進み、学校の選択肢が増えた、③少子化――を挙げた。

チョーカイ校長は「相手を敬って助け合い、社会に貢献するというパラオの精神文化を身に付ければ国際社会を生き抜く強い人になれる」と確信する。現大統領から生徒を増やす支援の約束を取り付けた。

男子生徒のアルドリン　ティトゥスさん（19歳）は「パラオ人であるのは誇りだ。将来は政治家か法律家になり、いろんな問題と解決したい」と声を弾ませる。女子生徒のレオニ・テベラクさん（17歳）は「パラオは世界でも独特だから好き。将来は企業家になりたい」と目を輝かせていた。

＊死ぬまで降参しない

「悲しみの涙が喜びの涙に変わった」――一九九四年10月1日、パラオ共和国は米国の信託統治領から独立し、完全主権国家となった。それまで対立し合っていた人々は分け隔てなく「皆、泣いた」。当時パラオ共和国大統領だった、日系のクニオ・ナカムラ氏（70歳）は、独立宣言の書面にサインした時の感激をこう振り返る。パラオ人同士が傷つけ合う分断や対立を乗り越えた瞬間でもあった。

パラオでは約10年間、核の持ち込みを米国に認める内容が入った自由連合協定の締結支持派と、締結に反対する非核憲法派が、激しい争いを繰り広げた。争いは米国とパラオとの溝も深め、独立が遅れる要因

パラオ共和国の独立宣言にサインするクニオ・ナカムラ氏＝1994年10月1日

パラオの独立に向けた米国との交渉を振り返るクニオ・ナカムラ元パラオ共和国大統領

となり、パラオ内ではいら立ちが募っていた。

パラオ憲法では、この協定を承認するには住民投票で75％以上の承認が必要だった。住民投票が6回繰り返されたが基準を超えなかったため一九九二年、協定承認基準を投票総数の過半数に修正することを問う住民投票が実施され、62％が賛成した。パラオ最高裁は憲法修正は有効との判決を下した。

九三年、パラオと米国間の対立を打開するため、クリストファー米国務長官は、自由連合協定に関する書簡をナカムラ大統領に送付した。書簡には、①パラオへの基地建設の予定はない、②パラオに軍を展開するのは有事に限る、③平時においてパラオの領海・領土を核や化学物質で汚染した場合は責任をもって処理し十分に補償する、④独立後も財政援助の協議に応じる——と記されていた。

憲法修正と、この書簡を受けた8回目の住民投票で68％が賛成し、協定は承認された。翌九四年、パラオは独立した。

「今思えば、奇跡だ」。九三年から2期8年間大統領を務めたナカムラ氏は就任前、行政職を14年、上院議員や副大統領も歴任した。憲法起草者のひとりでもあり、米国と交渉するための力、経験も豊富だった。ワシントンでの交渉は20回に及び、時には130人の米側弁護団に対し、自身を含め3人で頭脳戦に挑んだ。憲法を重視し「問題が解決しない限り協定にサインしない」と言い放った。米国との交渉は「死ぬまで降参しないという決意で臨んだ」と言う。

この決意の後ろ盾は、住民投票でパラオ市民が憲法承認に投じた92％の支持だ。「1人ならすぐ負けるが、パラオの人々が支えてくれている」。そう信じ、米国と交渉、信念を貫いた。その態度がクリストファーの書簡につながった——と振り返る。

独立から20年。パラオの将来の担い手である若者の海外流出や教育の不徹底を課題に挙げる。経済は発展したものの、伝統文化の継承や自然環境保護が最も重要と述べ、「文化や自然はお金で買えない」と強調した。

沖縄にも思いを寄せ、エールを送った。「信念を諦めなければ、物事は変えられる。自分らが日本と違うと思うのなら独立もできる。どんなに困難なことも、必ず乗り越えられる」

3　沖縄を問い続ける国連人種差別撤廃委員会

＊沖縄からの人権侵害の訴えに共感

二〇一四年8月21日、スイス・ジュネーブ市の国連人権高等弁務官事務所。国連人種差別撤廃委員会による日本審査2日目の会議が開かれた。外務省総合外交政策局審議官の河野章大使ら日本政府代表は、初日に委員から投げられた質問に答弁した。内容は初日の答弁の繰り返しが目立つ。開始から1時間半、18人の委員のひとりが満を持して発言の口火を切った。

「沖縄に先住民の存在を認めないのは、歴史に対し、正しい姿勢ではない」

中国出身のヨングアン・ファン氏だ。日本政府代表が、沖縄の人々はもともと日本人だから先住民とは言えず、人種差別撤廃条約の対象ではない——との趣旨の発言を繰り返したことにかみついた。

ファン氏は、琉球王国時代に中国の明《ミン》や清《シン》と長い間、深い関係にあり、中国に先祖を持つ人々が「2万人以上住んでいる」として、こう指摘した。「琉球諸島は一八七九年に日本によって併合され、沖縄県が設置された。併合後、日本政府は同化政策の下、住民の改名を進め、日本本土から沖縄への移民も促した」

最後は「地元の人たちの主張を取り入れ、沖縄の人たち、特に先住民の人たちの当然の権利保護をお願いしたい」と締めくくった。

これに日本政府代表は「沖縄の居住者、出身者は何人《なんぴと》も自己の文化を共有し、自己の宗教を信仰・実践し、自己の言語を使う権利は否定されていない」と同じ答弁を反復し、歴史認識への言及を避けた。

前日の20日、審査初日。アナスタジア・クリックリー委員（アイルランド出身）は、「琉球人の伝統的な土地、資源への権利を認めて保障し、彼らに関する政策策定、特に米軍基地問題については初期から地元住民の参加が大切だ」と強い口調で求めた。

日本報告の分析担当者、アンワー・ケマル委員（パキスタン出身）は「琉球の人たちが自らをどう考え、定義付けているかも重要だ。地元の土地活用に関わる問題は事前に地元住民と協議し、同意を得るべきだ」と断じた。

初日の審査開始約2時間前。委員による非政府組織（ＮＧＯ）への意見聴取が別の会議室で行われた。その隣では、沖縄県選出の糸数《いとかず》慶子参院議員は辺野古新基地建設を即時中止させるよう訴えた。糸数氏が配布した「工事着手」を報じる沖縄地元紙の号外を手にしたファン委員が、真剣な表情で紙面に見入っていた。クリックリー委員は聴取終了後、糸数氏に駆け寄り「基地が女性や子どもの人権を侵害しているという訴えに共感した」と激励の言葉を掛けた。

糸数氏は「国連に来て良かった。膝を交えて訴えれば、効果がある」と手応えをかみしめた。

委員会は8月29日、「沖縄の人々の権利の促進や保護に関し、沖縄の人々の代表と一層協議していくこと」とする「最終見解」を出し、沖縄の民意を尊重するよう日本政府に勧告した。

＊国連の勧告を無視し続ける日本政府

二〇一〇年3月9日、国連人種差別撤廃委員会は沖縄について踏み込んだ見解を採択した。「沖縄への米軍基地の不均衡な集中は現代的な形の人種差別だ。沖縄の人々が被《こうむ》っている根強い差別に懸念を表明する」。日本政府に対し、沖縄の人々の権利保護・促進や差別監視のために、沖縄の代表者と幅広く協議するよう勧告した。

一二年には、米軍普天間飛行場の名護市辺野古への「移設」や東村高江《ひがしそんたかえ》の米軍ヘリコプター着陸帯（ヘリパッド）建設について、「沖縄の人々を関与させるための明確な措置が取られていない」として「懸念」を表明した。その上で人権侵害問題の観点から、計画の現状や地元住民の権利を守る具体策について説明を求める異例の質問状を日本政府に送った。

こうした国連からの働き掛けを、日本政府は〝門前払い〟にしてきた。

「沖縄県に居住する人あるいは沖縄県の出身者は日本民族」なので、人種差別撤廃条約の「対象となら

国連人種差別撤廃委員会による日本審査＝2014年8月21日、スイス・ジュネーブ市の国連人権高等弁務官事務所（パレ・ウィルソン）の会議室

ない」。沖縄の人々は「社会通念上、日本民族と異なる生物学的または文化的諸特徴を共有している人々であるとは考えられていない」というのが政府の基本姿勢だ。

辺野古への基地「移設」や高江のヘリパッド建設についても沖縄差別の存在を否定し、沖縄の居住者・出身者は「日本国民としての権利をすべて等しく保障されている」という主張を繰り返している。二〇一四年8月の人種差別撤廃委でも同様の答弁をした。

一方、沖縄では「構造的差別」「沖縄人（琉球人）差別」などの言葉が広がっている。オスプレイの強行配備や、名護市辺野古での新基地建設など米軍基地問題を中心に、日本政府や大多数の日本国民によって県民の民意がことごとく〝無視〟されているとの認識が深まっているからだ。

国連はすでに二〇〇八年、琉球民族を国内法下で先住民族と公式に認め、文化遺産や伝統生活様式を保護・促進するよう勧告している。その後も、〇九年にユネスコ（国連教育科学文化機関）が沖縄固有の民族性を認め、歴史、文化、伝統、琉球語の保護を求めた。こうした独自性を日本政府が認めないことに、その都度「懸念」を表している。

沖縄への「差別」を国連に訴えてきた「琉球弧の先住民会」の当真《とうま》嗣清《しせい》さんは、日本政府を次のように批判し反省を促した。

「琉球には一八七九年に日本に併合された歴史、独特の文化や言語が存在する。琉球・沖縄人意識も強い。米軍基地集中の構造や、基地をめぐる制度の結果として差別が存在し、それが琉球・沖縄人の意識のさらなる喚起にもつながっている。日本政府はその事実を無視している。国連人種差別撤廃委員会の委員から『もっと真面目に』と注文された。情けない。不誠実の証左だ」

国連は二〇一四年7月24日に人権委員会が、8月29日にも人種差別撤廃委員会が、琉球・沖縄人は先住民族だとして「権利の保護」を勧告した。

日本政府はこうした勧告を無視し続けている。

＊東アジアの平和のカギは「沖縄の平和」

一九八九年、スイスで、国の非武装化の賛否を問う国民投票が実現した。「軍隊のないスイス」を目指す運動が起こり、国民投票を求める署名は、住所などを書き込む厳格なものであったにもかかわらず、八五～八六年の2年間で、有権者の約2・5％に当たる10万人分集まったのだ。

投票日は東西ドイツのベルリンの壁が崩壊して15日後だったこともあり、国民の平和への関心は高く、通常は45％ほどの投票率が72％に達した。結果は「ノー」だったが、賛成票の割合は大方の予想を上回る35・6％だった。この投票が国民の軍隊へのイメージを変え、軍事費削減にもつながった。

第二次世界大戦直後の四六年当時、武装しないで安全を守る国は世界にほとんどなかった。しかし、二〇一四年現在、国連加盟国の8分の1を占める26カ国が軍隊を持たない。「脱軍事化と軍隊のない国家」

「暴力のない世界をつくることは可能だ」と話すクリストフ・バルビー氏＝スイス・ジュネーブ市内

の著者で、先の国民投票の指導者、クリストフ・バルビー弁護士（55歳）はこう話す。

「軍隊を持たない国・コスタリカの首相は『私たちは子どものようなものだ』と言い、無力な自分らを他国は攻撃しようとは思わないという考えだ。非武装がいったん成功すれば、それを維持するのは決して難しいことではない」

非武装化には、二つの重要な点があるという。一つは、長期的な視点から軍隊を持たないことをうたった憲法を持つことで、もう一つは、それを実現する国民の強い意志だ。

スイスには国連機関や毎年ダボスで開かれる世界経済フォーラムがある。これらの国際機関・会議を軍隊で守ることを主張したり、「軍隊あっての平和」を唱えたりする人は少なくない。

それでもバルビー氏は「世界の人々の意識は変わっていく」と強調する。戦争や脅威の形は、直接的な武力衝突から、IT戦争やサイバーテロなどに変容し、人々の意識も変わってきたと指摘する。「軍事力でしか問題を解決できないと錯覚している人がいるが、すでに多くの人々が軍に頼らない統治は可能だと気付いている。世界の至る所で平和を望む声は広がっている」と話す。

より多くの人々が軍隊に頼らない平和を求め、政党がそれを汲み取り、非武装の賛否を問う住民投票など直接投票を成功に導くことが重要だという。

世界的にはイスラエルとパレスチナの問題が「最も危険」で、これが解決すれば世界の平和化が一気に進むと予想する。ただ、「二番目に危険」なのは東アジアで、北朝鮮問題や日中関係が紛争の火種とみる。

「危険の中だからこそ、沖縄の立場は非常に重要だ。平和は沖縄だけの問題ではない。沖縄が平和になれば、東アジア全体への影響は非常に大きい」。バルビー氏が沖縄の主体性や自己決定権に期待するのは、「軍隊に頼らない積極的平和」を発するイニシアチブ（主導力）だ。

太平洋にはパラオやミクロネシア連邦など軍隊を持たない国が11もある。バルビー氏は、それらを含む16の国・地域でつくる太平洋諸島フォーラムと沖縄が連携し、意見交換していくことを提案した。そしてこう断言した。

「軍隊を捨てるというのは、権利を諦めることではない。創造的、人道的な解決法があるのを示すことだ。暴力のない世界をつくることは可能だ」

V

「自治」実現への構想

「島ぐるみ会議」の結成大会で気勢を上げる参加者たち
＝2014年7月27日、宜野湾市民会館

1 湧き起こる住民運動

＊沖縄の描く青写真

「本土政府が沖縄を占領下に放置して差別することによって、この10年間で約5億ドル相当の財源を節約した」。一九七〇年春、沖縄の日本復帰を2年後に控え、経済学者の宮本憲一、久場《くば》政彦両氏は、沖縄開発のために年5億ドルを基金として復帰前後の短期間に日本政府が一括支出し、その使途や期間は沖縄住民と自治体の意思に一任する案を提起した。基金をもとに社会資本整備や地元産業振興などを展望した提案だったが、政府は取り上げなかった。

この提言を評価し「世の中の仕組みを理解し、仕組みづくりの議論をしない限り、いつまでも『居酒屋独立論』で終わる」と話すのは、上原良幸《よしゆき》・元副知事だ。沖縄県の振興計画「21世紀ビジョン」の策定に携わるなど県庁で沖縄の青写真を描いてきた。

沖縄の財源は現在、県税など自主財源と国からの補助金がそれぞれ3分の1、残りは地方交付税で賄《まかな》われている。全都道府県の中で収入が支出を上回るのは東京都だけで、国は地方の足りない財源を地方交付税で補う。交付税は使途に縛りがないため各県はこれを強く欲しがるが、沖縄は財政指標類似県と比べ、この交付金は極端に少なく、縛りのある補助金の割合が高い。収入が最も少ない沖縄は、本来、交付税は多くてもいいはずだが、交付税の算出根拠となる基準財政需要額が少ないのだ。

その理由について上原氏は「戦後日本の地方財政は沖縄の復帰を想定していなかった。広大な海域を持つ沖縄の財政需要は他の県とまったく違う」と言い、算定式が沖縄に不適合だと指摘する。比較的自由度の高い一括交付金が取り沙汰されてきたが、地方交付税はさらに自由度が高い。

「大切なのは金額の量ではなく質だ。制度をチェックし、正す必要がある」

沖縄の振興策は地域の実態に合った政策の積み重ねというよりも、基地と絡《から》めた政治的配慮の性格が強い補助金が多いため、真の自治や自立につながりにくいと言われている。本土との格差是正のために、ひも付きの補助金で進められた社会基盤整備は、役割を終えつつある。自由に使える財源の確保と地域の個性を生かしたまちづくりが、今日の課題だ。

県には、国の補助事業のメニューを執行する「執行官庁」から、地域の実態に合った政策を自分で考える「政策官庁」への転換が求められている。「最新の情報やモノ、人が行き交う拠点」——これが上原氏が描く沖縄の将来像だ。

一九九〇年代の「国際都市形成構想」に

類似11県の地方交付税
（普通交付税＋特別交付税、2012年度）

	金額／人口	類似県＝100
和歌山県	165,215	84.3
宮崎県	165,783	84.5
長崎県	157,467	80.3
岩手県	245,379	125.1
鹿児島県	163,443	83.4
徳島県	194,648	99.3
沖縄県	150,199	76.6
秋田県	189,076	96.4
鳥取県	233,313	119.0
高知県	232,432	118.5
島根県	260,051	132.6
11県平均	196,091	100.0
全国平均	72,578	37.0

（注１）補助金には、県財政だけでなく市町村財政も含まれる　出所：総務省「平成24年度都道府県決算状況調」

※仲地健沖縄国際大教授作成

関わった吉元政矩《よしもとまさのり》・元副知事は東南アジア諸国連合（ASEAN）と日中韓の連携による東アジア経済圏構想の中で、沖縄の青写真を描く。「構想の中心を担う沖縄は中央政府に何も言わさず自分で考えて施策を展開する必要がある。特別行政特区を敷き、それを前提に自治政府をつくるべきだ」

東アジア経済圏は将来的には統一した安全保障体制につながると予測する。そのとき沖縄は「経済の中心であるのと同時に平和の結び目だ」。全国の道州制の流れは「必ず来る」と確信し、安全保障、外交、金融以外は権限を握る琉球政府を描く。それに向け、二〇一四年12月にスタートした翁長《おなが》県政に対し「しっかりしたアイデンティティーを持って進んでほしい」と求めた。

＊政府への「建白書」と島ぐるみ会議の発足

二〇一三年1月28日、首相官邸。沖縄県の41全市町村の代表らは、オスプレイの配備撤回と米軍普天間《ふてんま》飛行場の県内移設断念を求めた「建白書」を安倍晋三首相に手渡した。建白書は県下すべての市町村首長、議会議長、県議会議長らが署名しており、「沖縄の総意」を示した歴史的行動となったが、政府側は一顧《いっこ》だにしなかった。

この建白書の要求を実現しようと、沖縄県内政財界や労働・市民団体の有志、有識者は「沖縄『建白書』を実現し未来を拓く島ぐるみ会議」を結成した。発起人には、保革を超えた幅広い層の約90人が名を連ねた。一四年7月27日の結成大会には主催者発表で2千人余が参加した。沖縄への米軍基地集中は「社会的正義にもとる軍事的植民地状態の継続」と主張し、「構造的差別」の解消を訴えた。

メンバーは、名護市辺野古への新基地建設阻止行動を支援している。今後は国連人権機関への直訴や、訪米して米国世論に働きかける活動を展開する。一般会員は二〇一四年12月時点で１２２９人。今後、１万人規模に増やす方針だ。

共同代表のひとり、仲里利信《なかさととしのぶ》氏（衆議院議員）は、「琉球への薩摩侵略から４００年余、沖縄への差別や搾取《さくしゅ》の歴史が続いている。琉球国が独立国家だったことを前面に出し、主権回復を訴えていく。行き着く先に独立も想定しないといけない」と主張する。

仲里氏は沖縄の将来像として、軍隊のない「非武装中立」を描く。「沖縄は出撃基地であり続けていいのかが問われている」。県議会議長時代、沖縄と中国福建《ふっけん》省の友好県省10周年の記念行事に招かれ、福建で「日本政府の外相級」の歓待を受けた。「琉球は橋渡し役として日中友好を先導すべきだ。琉球に国連アジア本部を誘致し、スイスのような場所になるのがいい」

＊琉球弧の先住民会・島々文化連絡会・樹立する会

琉球弧の先住民会は一九九九年から国連人権委員会などにメンバーを派遣し、「先住民」として「琉球人の権利」を訴えてきた。二〇一四年9月には代表代行の当真嗣清《とうましせい》氏が糸数慶子《いとかず》参院議員と共に国連先住民族世界会議に参加した。

目指すのは「大和政府によって奪われた権利」の回復、すなわち国際法の国際人権規約で定められた集団の権利としての「民族の自己決定権」、そして「土地権」の回復だ。名護市辺野古の新基地建設問題については、「圧倒的大多数の琉球民族が『ノー』の意思表示をした。集団の権利は侵害されたままだ」と指摘する。

沖縄の将来像について民族の自己決定権が確立した後、三つの選択肢があるという。

一つ目は、立法権や徴税権など高度な自治権を持った県や州として日本国内にとどまる形。二つ目は、日本国と完全にたもとを分かって自主独立の国家をつくる。三つ目は、一つ目の道の完成後、日本国の多数派・大和民族との間で差別や格差を完全になくすよう話し合い、それが実現した後、両民族が融合した多民族国家日本において、民族の自己決定権行使の主体となる――という選択だ。

＊

地域や職業、専門分野を超えて幅広い層の人々が連携する「琉球の島々文化連絡会」は二〇一四年10月19日に発足した。名護市辺野古への新基地建設強行や沖縄戦の「集団自決」（強制集団死）の軍強制を歴史教科書から削除した問題を、沖縄の文化的危機と捉える。専門分野や地域を越えて連携し、琉球・沖縄の自然や文化を次世代に継承することが目的だ。

呼びかけ人10人は歴史学者や考古学者、憲法学者、社会学者、写真家、数理行動科学者、美術関係者、批評家と幅広い。一般賛同者は約１２０人。「琉球・沖縄文化プロジェクト〈保全・回復・創造・継承〉」と銘打ち、領域や世代を横断して研究発表、展示、上演上映、講演、シンポジウムなどを展開する。

「辺野古新基地建設に反対する県民の民意の根幹には、琉球・沖縄人としてのアイデンティティーがある。それが沖縄パワーの源泉だ。先祖から受け継いだアイデンティティーに基づいた民意は、世界の人々の共感や支持を得て沖縄が自己決定権を獲得していく原動力になる」――呼びかけ人のひとり、安里進氏（考古学）は会の設立シンポジウムでこう強調した。

辺野古基地建設の強行は、民意の否定という民主主義の破壊にとどまらず、沖縄固有の文化やアイデンティティーの否定であり、沖縄の固有性の土台である自然も破壊されると、安里氏は会の認識を説明する。連絡会は今後、沖縄が抱える文化の問題や沖縄のアイデンティティーについて、多様な立場から議論する場を提供していくという。

＊

沖縄の問題は「日本における民族問題であり、極めて普遍的な人類共通の人権問題だ」と主張する「琉球・沖縄の自己決定権を樹立する会」は二〇一四年8月23日に設立された。同日、西原町《にしはらちょう》に事務所を開設した。設立・講演会には69人が集まり会則を確認し、今後、シンポジウムや本の出版などの活動を展開する。幹事は21人、会員は60人を超える。

会則は沖縄の青写真を次のように描く。非武の思想と伝統に基づいた「基地のない自立沖縄」「共生社会沖縄」「環境に優しい循環型経済社会」——。アジア近隣諸国民と交流を深め「東シナ海を平和な海に再生する」とうたう。

代表幹事のひとり、大村博氏は、「沖縄の人々が琉球民族としての自覚と誇りを取り戻すことが何より大事だ。自覚や誇りは、ウチナー・ナショナリズムに陥《おちい》らず、人間の尊厳や人権など普遍的価値や共生の理念を根本にした人間解放の哲学でなければならない」と語る。

大村氏は「琉球自治州」を構想、自己決定権、外交権を持つ沖縄像を描いている。

2 「自治州」から「独立」まで

＊沖縄自治州—現行憲法枠内で自治拡大

二〇一四年11月21日、那覇市の自治会館。100人近くの県内自治体職員が集い、MICE（企業の報奨旅行や国際会議など）の誘致をめぐって熱い議論を交わした。「鍵は公共交通の整備だ。観光ルートにつなげる工夫が必要だ」。この集まりは、政策形成能力を高める研修の一環だ。8年目の研修には延べ160人の職員が参加してきた。研修アドバイザーの前城充《まえしろみつる》氏（南風原町《はえばるちょう》職員）は「政策を積み上げ、地域の問題を解決していくことこそが自己決定権の行使だ」と話す。

研修を仕掛けたのは沖縄自治研究会で、前城氏も会員だ。識者や自治体職員、議員、報道関係者、市民らが集い、二〇〇二年に発足した。市町村の憲法といわれる自治基本条例のモデル条例を完成させた後、40回にわたる会合を開き「沖縄自治州基本法試案」を〇五年に完成させた。

その議論では当初、方向性として、①現行の地方自治法の枠内、②現行の自治基本条例の枠は超えるが、現行憲法の規定内、③現行憲法を超える自治基本条例——の三案があった。過去の沖縄自立・自治構想を検証する一方、諸外国で高度な自治を完成した地域も研究した。

議論の結果、②案を採用した。試案の根拠は、条例制定のための住民投票権を定めた憲法95条だ。

試案は前文で「沖縄の住民の命を守ることを何よりも最優先する」と宣言、「非暴力と反軍事力を基本にした、平和な国際社会の構築を目指す」と明記する。「平和憲法の改悪に反対し、平和憲法の理念をより徹底して活かす」と強調、東アジアの平和構築のために沖縄が主導権を発揮するとうたう。

試案は35の条文で構成し、基本原則、人権、統治機構、国や市町村との関係、財政などを定めている。琉球列島内の島々や地域の個性を大事にし、多元多層的な独自の自治・分権を提唱する。

州議会は、市町村代表による自治院と、直接公選される立法院でつくる二院制で、州知事を長とする州政府を設置する。国の最高裁の下に州裁判所を置き、州警察も設ける。州は「国の専属的権限」以外の権限、自治立法権、自治行政権、自治外交権、自治司法権を有し、市町村とは対等の関係とする。

財政については「国は、平和的領土・領海の維持・保全の観点を含めて沖縄自治州やその市町村に保障しなければならない」とし、沖縄自治州に一括移転、予算・決算権は州議会に持たせている。

試案の解説で自治研究会は「従来の沖縄自治構想は常に独立か現状維持かの二元論に陥ってきた」とまとめた。つまり、経済的に自立しないと独立は不可能とするか、具体的実現過程を考えない情緒的独立論に終始してきたという。海外には国の枠内で高度な自治権を獲得したり、独立後に他国から政治・経済的な保護を受けたりする例が多くある――と指摘し、次のように結論付けた。

「経済的自立を高度な自治の前提条件とする考え方は、政治的自律の重要性を経済的要件の下に位置付ける発想だ。その考え方が自由な発想と重要目標を見失わせてきた。政治的自律を経済条件に従属させる必要はない」

＊特例型沖縄州——高度の自治を提言

二〇〇七年夏、石油類卸売「りゅうせき」の太田守明会長は西原町の琉球大学に仲地《なかち》博教授（行政学）を訪ね、直接頼み込んだ。「手弁当で申し訳ないが、懇話会の座長を務めてほしい」。太田氏は政府の道州制ビジョン懇談会の関連組織である道州制協議会のメンバーだった。ビジョン懇談会の座長が描く道州制の区割り図で、沖縄は九州州の一部にされていた。

「平成の琉球処分になる恐れがある」——太田氏は沖縄独自の懇話会結成に向け呼びかけた当時の危機感をこう振り返る。「独立国だった歴史がある沖縄は共同体意識が強い。海を隔てた九州と一つになれば、九州州政府の下で埋没し、基地問題は国と直接交渉できず、進展が一層難しくなる」

そのため仲地氏を座長とした沖縄の懇話会をつくり、沖縄の道標を定める使命感に駆られたのだ。懇話会委員15人は、経済界、識者、県議、労働界、自治体首長ら幅広い層でつくる「オール沖縄」と言えるメンバーだった。全国各地で道州制が研究されたが、民間有志で県民世論の結集を目指す団体は前例がなかった。保革、労使の対立を超えた多様なメンバーだったため、仲地氏は当初、二の足を踏んだ。「結論が出なくてもいい。議論の様子を残すだけでも意義がある」。そう思って引き受けた。

道州制とは、都道府県を廃し、新たに10前後の州や道を置き、そこに国の権限を大幅に移譲して、国は外交、防衛、年金など「国しかできない仕事」に集中するという仕組みだ。自民党政権下で活発に議論された。ビジョン懇談会は〇八年、「二〇一八年までに道州制に完全移行」と提言、現実味を帯びていた。

中央主導の動きとは逆に、沖縄の懇話会は住民主権を追求した自治権拡大を目指した。2年間24回にわたる会合を重ね、〇九年9月24日、仲井眞弘多《なかいまひろかず》知事（当時）に提言した。結論は「特例型沖縄単独州」である。

内容は、他の道州よりも高い次元の自治権と独自の仕組みを持つ「特例」を国は沖縄に認める一方、他の道州と同程度に財源を移譲し保障する、というものだ。

沖縄州政府は州議会、州行政府、州裁判所で構成し、国と対等の関係を保つ。米軍人・軍属への課税権も有する。全国に先駆けた先行モデルとして沖縄州を設立する。特例として、沿岸・国境警備や漁業資源の管理・利用、海底資源探査や利用などの権限・財源の移譲を求めている。沖縄州は「日本とアジアの懸け橋」などを目指す。米軍基地の返還は、沖縄の民意を代表する地方政府として「今よりも強力に推進可能」とうたう。

この提言を受け、仲井真知事は自民党の意見聴取で「単独州」を明言した。

一五年1月現在、自民党の道州制推進本部が道州制の議論を続けているが、全国町村会が強く反対しているほか、党内にも慎重論があり、国会への法案提出に向けた手続きは進んでいない。しかし、政策はまだ生きている。沖縄県内では「特例型沖縄単独州」の実現に向け「県議会議員経験者の会」が現在も活動を続けている。

＊連邦・国家連合──主権回復し平和外交

「琉球が本来は独立国であるという認識から出発すべきだった」──沖縄の日本復帰から2年後の一九

七四年、中央集権国・日本の民主化を射程に入れて「復帰」を強烈に批判する本が出版された。米イリノイ大教授で宮古島市出身の平恒次《たいらこうじ》氏著『日本国改造試論』だ。その中で平氏は琉球の歴史をこう総括した。

「明治体制下の沖縄は『県』とはいっても、明らかに植民地でしかなかった。……一九五二年、最悪の戦災地沖縄は、日本政府から何の慰謝も補償もないまま、〝頭越し〟に講和条約第三条によって、ばっさりと国外に切り捨てられた。……民主主義の原理からすれば、そこには道義的に納得のいく何ものをも発見できない。……琉球人は声高く『復帰』を否定した上で、新時代の日本と琉球を考え直さなければならなかった」

平氏は、独自の民族としての琉球人が日本国家と対等合併し、連邦国家をつくることを主張。新琉球国、新アイヌモシリ、在日朝鮮・韓国人でつくる新朝鮮国、残りの日本でつくる連邦こそが、民主主義の原則に沿う日本の姿だと訴えた。

28年後の二〇〇二年。琉球大学教授の島袋《しまぶくろ》純氏は具体的な連邦案を提起した。同案は三段階で自治権を拡大し、最終的にはEU（欧州連合）をモデルにした国家連合へと発展するものだ（左ページ図参照）。

第一段階で琉球諸島内に広域連合を設け、沖縄自治の基本法制定県民会議を発足させ県案を作成する。第二段階では、この基本法を基に住民投票を実施する。旧琉球政府・立法院の権限を取り戻した琉球諸島政府を設置し、道州制の先駆けとして日本国憲法内での最大の自治を目指す。国の出先機関はすべて新政府に移管する。

沖縄が望まない憲法改定があった場合、第三段階に進み、独立して独自の憲法を作り、日本と対等な

沖縄の自治拡大案（島袋純琉球大教授案）

第1段階

①広域連合の設置（郡と琉球諸島のレベル）
②沖縄県自治基本条例の制定
③基本法制定県民会議の設立、県案提示
④国連機関への県の積極的関与。特に人権関係諸委員会

第2段階

①国会沖縄委員会の設置要求
②基本法の国会提出と可決、憲法95条の住民投票実施
③特別基金設置要求
④憲法9条改定の場合、沖縄の対応を明確化しておく
⑤国連人権高等弁務官事務所の開設

第3段階

※日本が憲法9条など沖縄が望まない方向に憲法を改定した場合
①主権回復。日本との国家連合のための組織設置（EU委員会型）
②東アジア連合委員会の設置
③国連アジア本部の設置
④日・米との安全保障条約の締結。沖日米合同安全保障会議の設立
⑤その後、安全保障会議からの離脱。安全保障条約を平和友好条約に変更

主権国家の連合体をつくる。立法・行政・司法の三権を備える機関をそれぞれ設置、財政は連合予算の1％（現在の予算規模からの推定約9千億円超）を沖縄に一括移転、沖縄は課税権も持つ。

中国やASEAN（東南アジア諸国連合）などと東アジア連合も目指す。国防は、日米と安全保障条約を結び、日米地位協定の抜本見直しを要求する。それに応じない場合、条約破棄を通告する。近い将来に同条約を平和友好条約に締結し直し、非武装地帯を宣言、国連アジア本部を設置し平和外交で攻勢をかける——というものだ。

一方、作家の佐藤優《まさる》氏も連邦制を唱《とな》えている。ただ「沖縄は歩みながら日本との関係を考え、いろんな立場の沖縄人が一緒になって徹底的に議論した上で結論を出す」というのが前提だ。「沖縄人は日本人

という意識もまだ強い。ただ辺野古の問題の差別状態は耐えがたい。差別はやめろと言っている」

連邦の考え方は、琉球藩が藩の運営を琉球国の慣行通り人事権や徴税権、裁判・警察権、外交権などを発揮していた「琉球処分」前に立ち返り、主権回復という大義名分で、外交・安全保障は沖縄の承認が必要となるなど、日本と対等な関係を築く——というものだ。

道州制など国から与えられた分権ではなく、自己決定権に基づき、まずは主体的運営ができる議会づくりや人材育成が急務という。

＊独立─主権回復こそ「沖縄の解放」

二〇一四年11月の沖縄県知事選、12月の衆院選沖縄選挙区すべてで名護市辺野古への新基地建設に反対する候補者が当選した。それにもかかわらず、日本政府は建設推進を表明した。県民が激しく反発するさなかの12月20日と21日、琉球民族独立総合研究学会のシンポジウムが沖縄国際大学で開かれた。両日とも150人を超える聴衆が詰めかけ、会場は熱気に包まれた。

「しまくとぅば、琉球の歴史、沖縄戦のことを家庭でどんどん話していこう」。そんな意見や質問が相次ぎ、2日とも予定終了時間を30分以上オーバーした。

独立学会は二〇一三年5月15日に設立した。当初は約100人だった会員は267人まで膨らんだ。20代前半から80代まで、多様な職業の人々が真剣な議論を重ねている。本島北部・中部・南部、宮古、八重山、西日本、東日本の地域研究部会のほか、独立実現の過程や経済、法制度、歴史などを扱う20のテーマ部会からなる。各部会は2カ月に1度のペースで会合を開催しているという。米国、ブラジルなど海外のウチナーンチュにも会員がいる。

共同代表の友知政樹《ともちまさき》沖縄国際大教授は「これまでいろんな人が独立論を唱えてきたが、同じ目標の下、一緒に顔を合わせて意見を出し合うことで議論が深まっている」と話す。独立を掲げる政党の発足も目指す。

青写真は、自由、平等、平和の理念に基づく「琉球連邦共和国」で、主権回復こそが琉球の解放につながるという考えだ。奄美、沖縄、宮古、八重山の各諸島が州となり、対等な関係で琉球国に参加する。各島々と郷土のアイデンティティーが琉球人の土台であり、各地の自己決定権を重視する。琉球の首府だけでなく、各州が議会、政府、裁判所を持ち、憲法を制定、独自の法や税、社会保障の制度を確立し、その下に市町村を置く。

安全保障については「軍隊の存在は攻撃の標的になる」として非武装中立を保ち、東アジアの平和を生む国際機関の設置も目指す。国連だけでなく、太平洋諸島フォーラムなど世界の国際機構に加盟し、国々との友好関係を強化する。米軍や自衛隊の基地撤去のための条約を日米と締結する。

経済の自立については、琉球が経済主権を持てばその可能性が広がるという立場だ。現状は「琉球側に政策策定や実施過程における決定権がない植民地経済だ。政府主導の開発行政は国への依存度を深めた」と指摘する。米軍基地撤去による跡利用で雇用・経済効果は「何十倍にもなる」とし、発展著しいアジアとの貿易、アジア人観光客の誘致などで経済自立を目指す。

大きな課題の一つは、独立の考え方を県民に浸透させることだ。共同代表の桃原一彦《とうばるかずひこ》沖縄国際大准教授は「基地問題をめぐる差別状況や沖縄の歴史、ザル経済など、まずは沖縄の現状をきちんと認識するための言葉を持ち、可視化、意識化することだ。そんな言葉を発信していきたい」と語った。独立までの具体的シナリオも今後の課題だ。二〇一五年度からは国連へ会員を派遣し、琉球の自己決定権確立を訴える活動を強化する。

＊北海道でも見えた自己決定権への希求

「今だけ、金だけ、自分だけ」、さらに「国だけ」良ければ――といった風潮がある。今、目の前の金よりも将来に誇れる理想を選択できない日本人・北海道人の姿があります――。二〇一四年12月6日、札幌市の北海道大学で開かれたシンポジウム「スコットランド独立運動の教訓とこれからの地域政治のゆくえ」で、聴衆からそんな意見が寄せられた。

壇上では、スコットランドの政治学者や北海道新聞の記者らが現地の独立運動を解説した。パネル討議に参加した琉球新報の記者は、知事選で辺野古への基地建設を拒否した背景に県民の自己決定権への希《き》求《きゅう》があると強調した。

詰めかけた一般市民、学生ら約120人は真剣な表情で登壇者に質問・意見を寄せた。いずれも日本の自治に対する危機感があふれていた。

「スコットランドの分権は『下からの改革』だが、なぜ日本ではそれが見られないのか。そのような意識を育てるのは可能か」（22歳・大学院生）。独立投票では、有権者の年齢を18歳から16歳に下げ、投票率は約85％に達した。「日本では若者の政治離れ、政治不信、投票率の低下、議員の腐敗、地方議員の活動

の不透明さなど、あらゆる問題を抱えている。その根底には、日本の政治教育の至らなさがあると思う」（21歳・学生）

沖縄への意見も寄せられた。「日本の対米従属の害悪がすべて沖縄に押し付けられている現状では、沖縄はスコットランド以上に日本から独立する正当性を持っているのではないか。沖縄の独立要求を否定し得る道義的見解を日本人は持てないのではないか」（71歳・無職）

北海道と沖縄は、日本の近代国家形成過程で最後に編入され、長い間、他地域と同じレベルの自治権や人権を認められなかった。北海道は一八六九年から一九四六年まで開拓使長官か内閣総理大臣（後には主に内務大臣）直属の北海道庁長官が管轄する区域で、その後は出先機関の北海道開発庁が置かれた。これに知事や道議会が「自治権の侵害」として抵抗した歴史もある。

北海道開発庁は北海道開発局として基本的に設置時の体制のまま、現在に至る。沖縄の県庁と沖縄総合事務局の関係に似ている。

シンポを企画した北海道大公共政策大学院院長の山崎幹根《みきね》教授は、北海道内で積極的に地方分権を進める動きが停滞しているので、「外からの刺激が必要」と企画の意図を語る。地域の特性を生かす自己決定権を行使する大切さを再認識する上でスコットランドは好例という。

「地域から中央に声を上げ、自立へ向けて実践することが重要だ。沖縄の事例は大いに示唆に富む」として、民主主義の在り方を自らの地域に即して問い直すことが求められていると強調する。

そして山崎教授は、日本の地域民主主義についてこう語った。「国策によるアメとムチで地方に自発的服従を強い、中央各省の裁量の範囲で部分的に分権や特区を認める手法はもう限界だ」

＊高知でも聞かれた「地域主権」の声

《二〇〇×年4月1日午前10時、高知県庁はいつにない緊張と興奮に包まれていた。集まったマスコミは国内外から200人。特設の記者会見場に現れた坂本慎太郎知事は、正面を向いて宣言した。「10カ月後、高知県の日本国からの独立を決める県民投票を実施いたします」。予想されていたとはいえ、会見場はどよめいた。》

高知新聞は二〇〇四年、連載「時の方舟《はこぶね》」で高知県独立を「近未来フィクション」として描いた。狙いはこうだ。

「地方の『甘え』を国が指摘し続けている。中でも本県は、全国ワーストの財政力で国からの財源補てんを甘受《かんじゅ》する県としてやり玉に挙がっている。国からのカネはますます削られるだろう。今後は地域経済も地域福祉も縮小していくに違いない。そうなったとき、……老いも若きも食いぶちにあえぐ、生気のない地になっていないか。国にお荷物扱いされ、精神衛生上も不健全になっている懸念がないと言えるだろうか。ならばいっそ、日本からの独立を考えたらどうか」

連載の反響は大きく、後に書籍として出版され、それをもとに地元の作家が小説にもした。

連載は、今の日本の国づくりの本質を「効率」とみる。自然豊かな地方はいつの間にか非効率と指弾される存在になった。「結果として山は荒れ、残る集落は老人たちがほそぼそと生をつないでいる」と憂《うれ》い、「われわれが追い求めた『豊かさ』の終着点はこれか」と問う。強い者はより強く、弱い者はより弱く――弱肉強食の波が地方にも押し寄せている。日本が目指すべきは「地域主権」という識者の提言を載せた。

それから11年。今なお地方の衰退は止まらない。有識者でつくる日本創成会議は二〇一四年5月、現在のペースで地方から都市への人口流出が続けば「自治体の半数が将来消滅する可能性がある」との試算を公表した。その後、安倍晋三首相は地方創生を最大の課題に掲げた。

しかし、国から地方への権限・財源の抜本的移譲は進んでいない。地方創生の総合戦略にもその記述はない。自治体に募った分権改革の提案に対する政府の対応も、手続きの簡素化などにとどまったものばかりだ。

一方、国民の側も政府の権限移譲を待つばかりで、住民から権利を求める声はなかなか上がらない。

沖縄振興予算の推移（年度、億円）

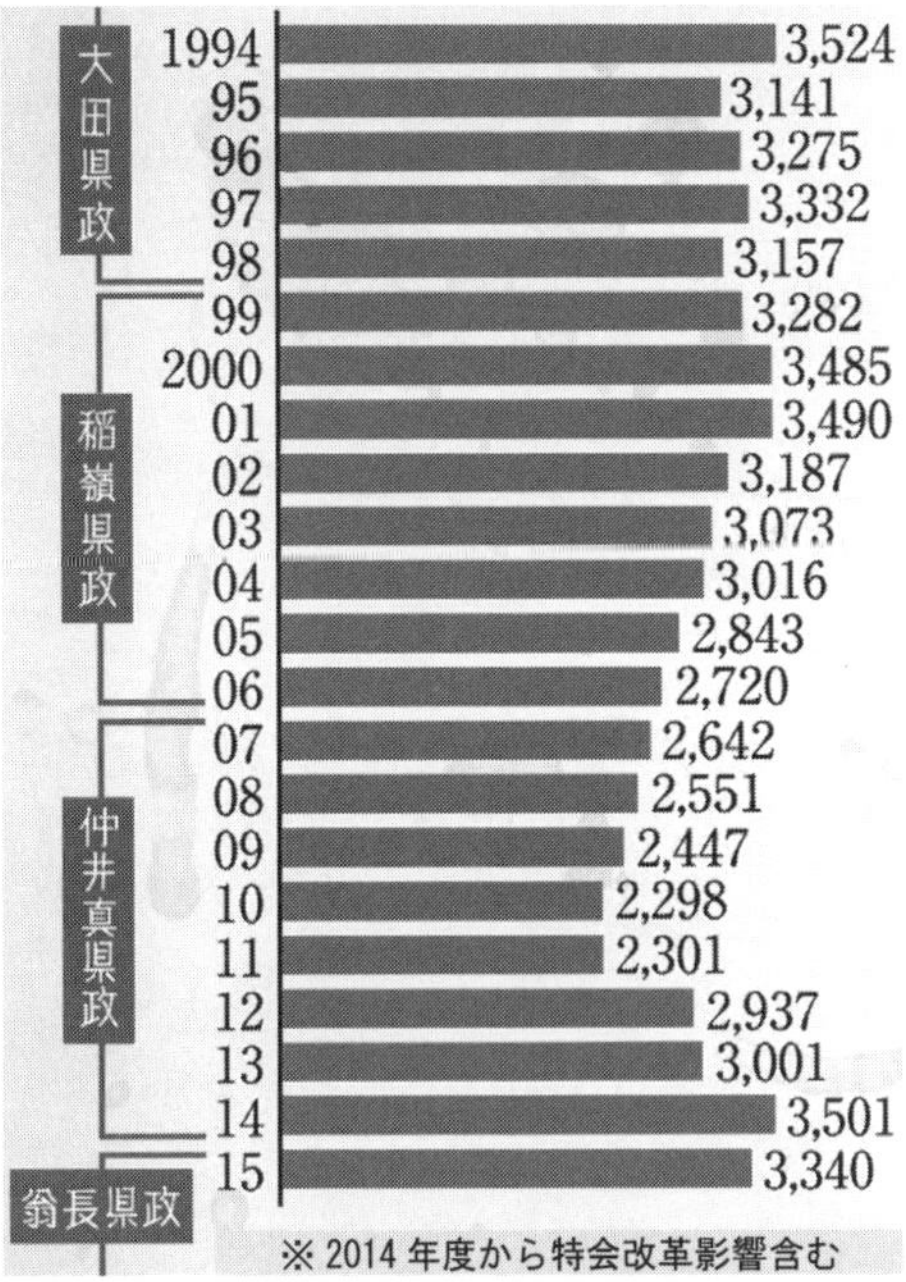

「住民が参加し意見を述べ、それが政策に反映される場がない」。元総務相の片山善博《よしひろ》慶応大教授は地域主権の意識が育たない根本的原因として地方議会の運用を挙げる。議会への住民参加の機会は制度上は整備されていても「機能していない」。住民が身近な問題を日常的に議会と一緒に解決していくことが地域主権の基本だという。

片山氏は財政の分権の重要性も指摘し、沖縄振興予算が上の図に見るように政府の政治判断で左右されることを問題視する。

「予算額の確保・増額も大切だが、政府のさじ加減に依存する体質、財政構造を変えることも重要だ。誰が知事になっても、いつでも一定のお金が入ってくるよう、分権の視点で財政をルール化することが沖縄にこそ、必要だ」

＊「軍事の要石」から「平和の要石」へ

東シナ海を望める沖縄県本部町《もとぶちょう》の海岸近くに東南を向いた銅像が立っている。健堅《けんけん》の集落センター敷地内にある、参院議員を３期13年務めた故・稲嶺《いなみね》一郎氏の像だ。銅像は本人の意向で東南アジアに向けられ、一九八七年に建てられた。

長男で元沖縄県知事の稲嶺恵一氏は建立《こんりゅう》記念誌にこんな謝辞を寄せた。「はるか南の東南アジアの方向を見ているこの銅像が、沖縄の若い人たちの心に何がしかの刺激を与え、沖縄がますます発展していく原動力の一つになってほしい」

一郎氏は太平洋戦争前に満州やタイに赴《おもむ》き、戦中戦後はジャカルタに滞在、インドネシア独立運動を支援したためオランダ側に拘束され、1年間投獄された経験を持つ。七〇年に参院議員に初当選後は、政界屈指の東南アジア人脈の持ち主として活躍、インドネシアの建国式典では国賓待遇で迎えられた。

沖縄の日本復帰前の六九年、自著『21世紀の胎動』で歴史・地理的条件などから「アジアの中の沖縄」を再評価し、「南北の文化、経済交流の中枢として活用可能」と提起した。当時すでに世界は経済面で地域統合に向かうと予測、欧州経済圏のように「大陸・東南アジア経済圏」がつくられると予言した。

「次第に地域としての関係を強め、日本をはじめ、アジア各国の連帯による共同防衛、治安、平和の維持となってあらわれる。その場合、アジア連邦形成への動きや成立は現実化しているかもしれない」

沖縄は、アジアの国際機関を設置する素地が十分あるとして青写真を描いた。

「人類の発展のために、沖縄を世界の裏街道でなく表街道に位置づけること、『アジアの真珠』として育て磨いて光沢あらしめること、経済的政治的中心として形成すること、これらこそわれわれが意識し、計画し、実施していくべき西暦二千年に至る道程だ」

その提言から46年、沖縄を「アジアの要《かなめ》」として発展させる動きが本格化している。

翁《お》長《なが》雄《たけ》志《し》知事は「アジア経済戦略構想」の検討チームを設置し、那覇空港を拠点に沖縄県内とアジア各地を結ぶ国際物流貨物事業や情報通信産業の拠点化、国際観光リゾート産業などを有機的に結合させる取り組みに乗り出した。

東南アジアを向いて建立された稲嶺一郎氏の銅像＝本部町健堅の集落センター敷地内

一方、二〇一四年4月には、鳩山由紀夫元首相が沖縄を「捨て石」や「軍事の要石」でなく「平和の要石」にしたいとの思いから、東アジア共同体研究所「琉球・沖縄センター」を那覇市内に設立、シンポジウムを5回開催するなど活発な活動を展開している。

その一環として、沖縄と中国の連携を強める具体構想もある。

センター長で琉球弧世界遺産学会事務局長の緒方修《おがたおさむ》沖縄大客員教授は、沖縄と中国福州の交流の歴史に着目、「琉球王国及びグスクの世界遺産群」に、福州の琉球館などを拡大登録することを目指す。登録されれば、中国人観光客の大きな誘因になるほか、沖縄と中国の交流が一層進むと確信する。

「交流の跡や現在まで続く交流も文化遺産に登録できる対象として規定されている。世界には国境をまたいで登録されている例がある」。近く福建の関係者を訪問し可能性を模索し、沖縄県や日中の行政担当者に働きかけていく考えだ。

＊中国の視線

二〇一四年11月5日、熊本市。冷え込む日中関係の改善を促すため、中国に近い九州・沖縄の新聞記者と東京に支局を持つ中国の新聞社・通信社の記者による交流会が初めて実現した。

「誰が勝つの？」。中国の記者たちは沖縄の新聞記者に約2週間後に迫る沖縄県知事選の行方を何度も聞いてきた。

中国国営の新華社日本総局は知事選取材のため沖縄へ記者を派遣し、結果を速報した。国営の中央テレビも選挙の特集番組を流し、中国メディアは高い関心を示した。投票日2日前に沖縄入りし、知事選を取材した新華社の劉秀玲《りゅうしゅうれい》記者は、中国メディアが県知事選を注目する理由について、「日米関係に影響を与える可能性がある」と話した。中国は日本との関係づくりの際、日米関係を大きな判断材料にしている。

新華社の記事には「沖縄人　選挙で米軍基地に『ノー』」という見出しが躍った。書き出しで知事選の意義をこうつづった。「背後にある日本の将来の発展を深く考えさせられるもの、すなわち日米の軍事同盟関係を国の基本とし続けるべきか否かについて県民が疑問を投げかけた」

記事に「新知事当選は民意の逆襲」「『基地は経済発展の阻害要因』はすでに共通認識」「自己決定権追求の闘い」という小見出しを付け、沖縄の研究者の解説を引き、こう指摘した。

「知事選は本質的には県民が自己決定権を追求する闘いだった。県民は沖縄の発展の道を選択する権利があるか否か、あるいは東京の決定に従うしかないのか、沖縄の長期にわたる大衆運動には、こうした人権、自治権、自主権への要求に終始貫かれている」

一方、中国の研究者は今の沖縄をどうみているか。事情に詳しい複数の研究者によると「沖縄は中国の領土」という認識はほとんどなく、沖縄の自主的な決定権を尊重すべきだという論調が大勢を占めるという。実際、日本による「琉球処分」（琉球併合）直後、中国（清）側は日本側に対し、琉米・琉仏・琉蘭の三修好条約などを根拠に「琉球は独立国」と主張した。

日中関係や琉球の歴史を専門とする姜弘《きょうこう》・北京師範大副教授は「戦後沖縄は度々、複雑な国際紛争や大国の戦略に翻弄され、自己決定権の行使は難しかった。しかし今回の知事選を通して、県民の自己決定意識が高まってきた。この選択は尊重されるべきだ」と指摘する。「中国は琉球王国時代から沖縄と友好的な貿易の往来、文化交流の歴史的伝統がある」として一層の交流を願った。

対中貿易・経済交流の促進に取り組む日本国際貿易促進協会の職員として、習近平《しゅうきんぺい》現国家主席や温家《おんか》宝《ほう》前首相ら中国の国家指導者との会談で通訳を担当してきた泉川友樹氏（沖縄県豊見城《とみぐすく》市出身）は、沖縄が日中関係に果たせる役割は大きいと話す。

「ウチナーンチュは友情の育《はぐく》み方など人間関係で中国人と通じ合えるものがある。地理的、文化的、人間的に近いことをうまく活用し、日中の間を取り持てる。それができたら世界でも素晴らしい例になる」

沖縄の目指すべき将来像は、軍事ではなく「対話のホットライン」、それは日中、沖縄、いずれにとっても「いいことだ」。

＊加速する沖縄の自己決定権を求める動き

二〇一四年11月29日から約3週間、県立博物館・美術館で「ペリー一行の見た琉球・日本―ウィリアム・ハイネの水彩原画展」が開かれ、一八五三年から五四年の訪琉でペリー随行画家が描いた原画5点が初めて一堂に公開された。初日、多くの小学生らが足を運んだ。原画展の感想を聞いた記者に、那覇市の曙小学校6年の荷川取林香さん（12歳）は目を輝かせてこう答えた。

「ペリーが沖縄に5度も来て、琉球と琉米修好条約を結んだことを初めて知った。沖縄と外国との関係をもっと知りたい」

会場の一角に、琉米修好条約の条文が展示されていた。

水彩画は原画だが、条約の方は原本ではない。複製だ。条約原本は東京の外務省外交史料館に保管されている。二〇一四年4月、琉球新報は外務省に対し、琉球国が一八五〇年代に米・仏・蘭それぞれと結んだ三条約について文書で質問した。

「条約はなぜ、現在、外務省の管轄下にあるのか？」「明治政府は一八七二年の『太政官布告』で三条約を外務省所管とすることや、正本提出を琉球藩に命じたが、その理由や法的根拠は？」「琉球藩が七四年に三条約の正本を外務省に提出したが、その後、条約の効力の有無や内容の順守などはどうなったか？米仏蘭各国への説明、反応は？」——などだ。

外務省は一括してこう答えた。「当時の経緯が必ずしも明らかではないこともあり、お尋ねについて確定的なことを述べることは困難です」

米仏蘭三条約は琉球国が当時、国際法の主体だった〝証し〟だ。複数の国際法学者が三条約を根拠に、明治政府による一八七九年の琉球併合（「琉球処分」）は「国際法上不正」と指摘している。国際法に違反した国家は、違法行為の停止、真相究明、謝罪、金銭賠償などの義務を負う。国際法の主体（＝主権国）として琉球が他国と結んだ条約を日本政府が持っている以上、政府は国際社会の一員として説明責任が問われるはずだ。

名護市辺野古の新基地建設に県民の反発が高まる中、沖縄の自己決定権を追求する声が高まっている。三条約は「主権回復」主張の論拠となり得る。

「私たちは歴史上、国際社会において、本来ならばどのような権利を持つ存在なのか、主体なのかを確認する、あるいはその根拠を持つことが非常に重要だ。その象徴的な一つとして琉米条約がある」

二〇一三年6月12日、那覇市議会で平良識子《たいらさとこ》市議はこう主張し、「本来ならば沖縄が所有すべきだ」と、那覇市に条約返還を国に求めるよう要求した。その後も返還を求める声を上げ続けている。一方、琉球民族独立総合研究学会も二〇一五年2月3日、外務省沖縄事務所に対し、琉米条約の原本を返還するよう要求した。

日本に併合された後、沖縄戦で多くの犠牲を出した沖縄。米国統治下の27年間、住民は生命や人権、自治の侵害を経験し、日本「復帰」後も、軍事基地の過重負担に苦しめられている。琉球の主権を収奪《しゅうだつ》した琉球併合は、歴史の苦渋の根源ともいえる。これまでの歴史に対する謝罪など、さまざまな形で日米の責任を追及すべしとの声もある。

沖縄の自己決定権を問う世論の中で、三つの条約が今、息を吹き返しつつある。その様を、沖縄の未来を担う子どもたちも見詰めている。

*

沖縄がまだ米国統治下にあった一九六二年2月1日、琉球政府立法院。翁長助静《じょせい》議員は壇上で発議者を代表し、沖縄の施政権返還要求に関する決議文を読み上げた。

「国連総会で『あらゆる形の植民地主義を速《すみ》やかに、かつ無条件に終止させることの必要を厳かに宣言する』旨の（中略）宣言が採択された今日、日本領土内で住民の意思に反して不当な支配がなされていることに対し、国連加盟諸国が注意を喚起することを要望する」

決議文は全会一致で可決され、国連加盟104カ国に送付された。米国の植民地的支配を批判し、沖縄の主権回復を世界に訴えた歴史的決議「2・1決議」だ。国際社会に米国統治の不当性を訴えた画期的な決議だったが、その後、沖縄から国際社会への働きかけは続かなかった。

一八七九年の琉球併合前後にも、琉球の旧士族たちが海外に救国を訴えた局面があった。しかし当初は、日琉関係の伝統的な「隠蔽策《いんぺいさく》」が露呈するのを恐れ、欧米との接触を積極的に活用しなかった。運動は、明治政府と中国（清国）への嘆願が中心で、国際法に基づいて国際社会に訴えるなどの取り組みは弱かっ

Избранному губернатору Окинавы
Такеши Онаге

Уважаемый г-н Онага!

Примите мои искренние пожелания в связи с избранием Вас губернатором Окинавы. Вы занимаете этот высокий пост в нелегкое для Японии и всего мира время. Но убедительная победа на выборах свидетельствует о широкой поддержке Вашей политики и программы действий. Я желаю Вам успехов в достижении поставленных целей на благо народа Окинавы и надеюсь на продолжение нашего сотрудничества для развития российско-японских отношений.

С уважением,

Михаил Горбачев

25 ноября 2014 года

ミハイル・ゴルバチョフ元ソ連大統領が翁長雄志知事に送ったメッセージと直筆のサイン
《訳》親愛なる翁長氏へ　あなたが沖縄県知事に選出されたことへの私の祝辞を快く受け取ってほしい。あなたは、日本や世界が難局にあるときに、この地位を保持した。あなたの勝利（圧勝）は、政策や行動計画への幅広い支持があることの証拠だ。私は、沖縄の人々の公益をめざすあなたの目標が成功することを願っている。私は日ロ関係の発展のために、私たちの協力が続くことを強く望む。

た。

しかし、時代は大きく変わった。世界的に民主化が進み、情報メディアも発達した。知事選、衆院選で示された民意を無視して、名護市辺野古で日本政府が新基地建設を強行していることに、国際社会は厳しい目を向けている。

「沖縄の人々の利益というゴールに向けて、あなたが前に進んでいけることを祈っている」。東西冷戦の終結に指導的役割を果たし、ノーベル平和賞を受賞したミハイル・ゴルバチョフ元ソ連大統領は、新基地建設問題を理解した上で、翁長雄志新知事に文書でエールを送った（二〇一四年11月25日付）。世界的に見ても沖縄の現状は「不条理」だとする海外識者からの指摘も相次いでいる（琉球新報連載「正義への責任―世界から沖縄へ」）。

「国連への要請も視野に入れる必要がある」――知事選翌日のインタビューで、当選した翁長氏はこう述べた。基地建設阻止に向けて早期に訪米し、国連機関などを含めて沖縄の民意を訴え、国際世論を喚起していく考えだ。2・1決議から53年余。決議を読み上げた翁長助静氏の子息・雄志氏は父の遺志を引き継ぐ。

ほかにも、国際世論へ打って出る動きは活発化しつつある。「沖縄『建白書』を実現し未来を拓く島ぐるみ会議」は、国連人権理事会などへの働きかけを強化する方針だ。二〇一五年4月、スイス・ジュネーブの国連機関に担当者を派遣した。「琉球民族独立総合研究学会」も、琉球人への差別問題や自己決定権確立などを国連に直接訴える活動を一五年度から始める。

沖縄の民意が日本政府に無視され続けている中、日本の国民世論の喚起はもとより、国際世論の喚起が事態打開の鍵を握る。沖縄の自己決定権が保障されるよう粘り強く主張し続け、国連などに訴えていくことが課題となっている。

【参考文献】――編著者名50音順

【あ行】

▽赤嶺守著「琉球復旧運動の一考察」地方史研究協議会編『琉球・沖縄』雄山閣出版
▽安里進ほか著『沖縄県の歴史』山川出版社
▽阿部浩己「国際人権法と沖縄の未来」『けーし風』第79号
▽新川明著『琉球処分以後・上』朝日新聞社
▽生田澄江著「幕末におけるフランス艦隊の琉球来航と薩琉関係」法政大学沖縄文化研究所編『沖縄文化研究』19号
▽稲嶺一郎著『世界戦略への発想』東京白川書院、同著『21世紀への胎動』
▽上江洲安亨著「清代の琉球国王印について」首里城研究会編『首里城研究』(No.5) 首里城公園友の会
▽上村英明著『先住民族の「近代史」』平凡社、同著『新・先住民族の「近代史」』法律文化社
▽梅木哲人著『新琉球国の歴史』法政大学出版局
▽M・C・ペリー著『日本遠征日記』雄松堂出版
▽大江志乃夫著「東アジア新旧帝国の交替」同他著『近代日本と植民地　1』岩波書店
▽大里知子著「『琉球処分』論と歴史意識」法政大学沖縄文化研究所編『沖縄文化研究』38号、同著「沖縄近代史―『旧慣温存』『初期県政』研究についての一考察」法政大学沖縄文化研究所編『沖縄文化研究』29号
▽沖縄県議会議員経験者の会編『沖縄自治州』琉球書房

▽沖縄県教育委員会『沖縄県史各論編4　近世』
▽沖縄県教育委員会編『沖縄県史料　前近代3』
▽小野まさ子著「ボード事件に見る女性たち」『浦添市立図書館紀要』浦添市立図書館
【か行】
▽外務省編纂『日本外交文書　第8巻』世界文庫
▽我部政男著『明治国家と沖縄』三一書房、同著「日本の近代化と沖縄」大江志乃夫他編『近代日本と植民地1』岩波書店
▽紙屋敦之著「王国末期首里王府の異国人対応と薩摩藩」深谷克己編『東アジアの政治文化と近代』有志舎
▽喜舎場一隆編『琉球・尚氏のすべて』新人物往来社
▽喜舎場朝賢著『琉球見聞録』至言社
▽金城正篤著『沖縄県の百年』山川出版社、同著『琉球処分論』沖縄タイムス社
▽グレゴリー・J・スミッツ著『琉球王国の自画像』ぺりかん社
▽高知新聞社編『時の方舟』高知新聞社
【さ行】
▽島田征夫編著『国際法学入門』成文堂
▽島袋純著『リージョナリズムの国際比較』敬文堂、同著『「沖縄振興体制」を問う』法律文化社
▽下村冨士男編『「明治文化資料叢書第四巻外交篇5』風間書房
▽後田多敦著「『琉球処分』の再検討」『沖縄キリスト教学院大学論集』沖縄キリスト教学院大学
▽ジョン・レディ・ブラック著、ねず・まさし、小池晴子訳『ヤング・ジャパン3』平凡社
▽新里金福・大城立裕共著、琉球新報社編『近代沖縄の人びと』太平出版社

【た行】
▽高良倉吉・玉城朋彦編『ペリーと大琉球』琉球放送
▽田名真之著「王府の異国船迎接体制」『琉球王国評定所文書』第14巻、浦添市教育委員会
▽谷口誠著『東アジア共同体』岩波新書
▽田畑茂二郎・石本泰雄編『国際法』有信堂
▽張啓雄著「日清互換条約において琉球の帰属は決定されたか」法政大学沖縄文化研究所編『沖縄文化研究』19号
▽寺島実郎著『大中華圏』NHK出版
▽富川盛武著『魂落ちゃる沖縄人』新星図書出版、同著『沖縄の発展可能性と戦略』うまんちゅ講座
▽豊見山和行著「琉球王国末期における対外関係」歴史科学協議会編『歴史評論』2000年7月号、同著『琉球王国の外交と王権』吉川弘文館
▽豊下楢彦著『「尖閣問題」とは何か』岩波書店
【な行】
▽仲地博著「沖縄自立構想の系譜」『自治基本条例の比較的・理論的・実践的総合研究報告書5』
▽那覇市編『那覇市史』
▽波平恒男著『近代東アジア史のなかの琉球併合』岩波書店、同著「琉球処分の歴史過程・再考」琉球大学法文学部『政策科学・国際関係論集 第12号』、同著「琉球処分論」田里修・森謙二編『沖縄近代法の形成と展開』榕樹書林、同著「喜舎場朝賢と『琉球見聞録』」琉球大学法文学部『政策科学・国際関係論集 第4号』
▽二十一世紀同人会編『うるまネシア 第17号』うるまネシア同人会
▽西里喜行著『清末中琉日関係史の研究』京都大学学術出版会、同著論文「東アジア史における琉球処分」『経済史研究 第13号』、同著「『琉球処分』論」荒野泰典他編『日本の対外関係7 近代化する日本』吉川弘文館、同

著『琉球救国請願書集成』法政大学沖縄文化研究所、同他著『新琉球史』琉球新報社、同著「琉球救国運動と日本・清」『沖縄文化研究　13巻』法政大学沖縄文化研究所、同著「琉球処分と樺太・千島交換条約」荒野泰典他編『アジアのなかの日本史　4』東京大学出版会、同著「咸豊・同治期（幕末維新期）の中琉日関係再考」東洋史研究会『東洋史研究』第64巻第4号、同著「中琉関係史における尚泰の冊封問題（再論）」『南島史学第79・80号併合』、同著「琉球臣殉義事件考」島尻勝太郎他著『球陽論叢』ひるぎ社、同著「中琉日関係史から見た尖閣諸島」沖縄大学地域研究所編『尖閣諸島と沖縄―時代に翻弄される島の歴史と自然』芙蓉書房出版、同著「近世琉球王国時代の後期と『末期』」『沖縄県史各論編第4巻（近世）』沖縄県教育委員会

▽『日本史大事典』平凡社

【は行】

▽パトリック・ベイヴェール著「ヨーロッパの琉球認識」『沖縄県史各論編第4巻（近世）』沖縄県教育委員会

▽原口邦紘著「一八七五年の琉球問題」南島史学会編『南島史学』第65・66合併号

▽東アジア研究所編『東アジア共同体と沖縄の未来』花伝社

▽比嘉朝進著『最後の琉球王国』閣文社

▽比屋根照夫著『自由民権思想と沖縄』研文出版

▽フォルカード著、中島昭子他訳『幕末日仏交流記』中央文庫

【ま行】

▽前田朗著『軍隊のない国家―27の国々と人びと』日本評論社

▽真栄平房昭著「十九世紀の東アジア国際関係と琉球問題」溝口雄三他編『アジアから考える　3』東京大学出版会、同著「アヘン戦争前後の東アジア国際関係と琉球」沖縄県文化振興会公文書館管理史料編集室編『琉球・中国交渉史に関するシンポジウム論文集　第4回』沖縄県教育委員会、同著「ペリー来航と沖縄―東アジアの近代

を考える一視点」深沢徹編『オリエント幻想の中の沖縄』海風社、同著「ペリー艦隊の琉球来航―西洋の衝撃と対応をめぐって」村井章介、三谷博編『琉球からみた世界史』山川出版社、同著「明治国家と沖縄」二十一世紀同人会編『うるまネシア　第9号』二十一世紀同人会、同著「近世日本の境界領域」菊池勇夫、真栄平房昭編『列島史の南と北』吉川弘文館
▽牧瀬恒二編著『日本史の原点としての沖縄史』本邦書籍社
▽松島泰勝著『琉球独立への道』法律文化社
▽宮城栄昌著『琉球の歴史』吉川弘文館
▽宮里政玄、新崎盛暉、我部政明編著『沖縄「自立」への道を求めて』高文研
▽森嶋通夫著『日本にできることは何か』岩波書店、同著『日本の選択』岩波書店
▽森宣雄著論文「琉球は『処分』されたか」民主主義科学者協会『歴史評論』（2000年7月号）丹波書林

【や行】

▽安岡昭男著『幕末維新の領土と外交』清文堂出版、同著『明治維新と領土問題』教育社、同著『明治前期日清交渉史研究』巖南堂書店、同『明治維新と領土問題』教育社、同著『日本近代史』芸林書房、同著「明治初期琉球台湾事件と左院」法政大学沖縄文化研究所編『沖縄文化研究』35号、同著「明治前期官辺の台湾論策」法政大学沖縄文化研究所紀要『沖縄文化研究』16号、同著「明治前期官辺の沖縄論策」『法政大学沖縄文化研究紀要』、同著「山県有朋と琉球処分」『政治経済史学第312号』、同著「万国公法と明治外交」政治経済史学会日吉史塾編『政治経済史学』、同著「日清間琉球案件交渉の挫折」『法政史学』7号
▽山口栄鉄編訳『外国人来琉記』琉球新報社、同編訳『琉球王国の崩壊』榕樹書林
▽山下重一著『琉球・沖縄史研究序説』御茶の水書房、同著『続　琉球・沖縄史研究序説』御茶の水書房
▽ユルゲン・オースタハメル著、石井良訳『植民地主義とは何か』論創社

▽横山伊徳著「日本の開国と琉球」『新しい近世史』新人物往来社
▽與那覇潤著『翻訳の政治学』岩波書店、同著「世界史からみた琉球処分」村井章介、三谷博編『琉球からみた世界史』山川出版社
▽与並岳生著『新琉球王統史18〜20　尚泰王／琉球処分　上・中・下』新星出版社
【ら行】
▽琉球王国評定所文書編集委員会編『琉球王国評定所文書』浦添市教育委員会
▽琉球新報社編『東恩納寛惇全集２』第一書房
▽琉球新報社編『「琉球処分」を問う』琉球新報社
【わ行】
▽渡辺美季著『近世琉球と中日関係』吉川弘文館

あとがき

二〇一四年2月20日が最初の〝出会い〟だった。

琉球新報社の富田詢一《じゅんいち》社長、島洋子東京報道部長と私（新垣毅）の3人で東京の外務省外交史料館を訪れた。玄関では大きなシーサーに迎えられた。担当者によって、私たちが案内された部屋へ、温度や湿度など厳重に管理された部屋から、琉米・琉仏・琉蘭の三条約の原本が運ばれてきた。英文、仏文、蘭文、中国文が整然と書かれた書面から、当時の列強に毅然と立ち向かった琉球人の威厳が感じられ、思わず身震いしたことを覚えている。

史料館の館長や担当者に、どうやったら沖縄で展示できるか、展示場や移送の管理技術面などを細部にわたって聞いた。

そこから、琉球新報社の社を挙げての展示企画が始まった。事業局の担当者が東京に足を運び、外交史料館との交渉を経て、ついに一年後の二〇一五年2月27日に浦添市美術館で展示が実現した。民意がないがしろにされている今の沖縄で、三条約の原本は燦然《さんぜん》と輝いて見えた。

これら原本は、実は二〇〇二年に、沖縄で一度展示されている。しかしその時はあまり注目されなかった。それが今回、「幕末・明治維新　沖縄特別展」（琉球新報社、沖縄産業計画主催）と銘打った展示会では大きな関心を呼び、1万812人が足を運んだ。会場は熱気に包まれ、来場者からは「原本から沖縄人の独立の気概を感じる」といった感想が聞かれた。

この展示が実現する約2週間前の2月15日、琉球新報社は沖縄国際大学と共催で「道標《しるべ》求めて——沖縄の自己決定権を問う」と題したフォーラムを、米軍普天間飛行場に隣接する同大学で開催した。前もって整理券を発行し、来場者数を座席数に合わせて制限した。告知を新聞に掲載した日から問い合わせが相次ぎ、電話対応に追われ、800枚の整理券は3日間で配布し終えた。それでも「どうしても聞きたい」という来場者が殺到したため、モニターで中継する第2会場を拡大することになった。本会場定員の500席は埋め尽くされ、立ち見が出た。本書は紙幅の関係で、フォーラムの議論を詳しく掲載することができなかったが、三条約展示の来場者と同様、フォーラム会場でも沖縄の自己決定権行使への熱意がみなぎっていた。


二〇一四年5月1日から始まったキャンペーン報道「道標求めて——琉米条約160年　主権を問う」は、社を挙げての取り組みとなった。主担当となった私は、取材のため東京や神奈川、愛知、広島など本土へ何度も足を運んだだけでなく、イギリスのスコットランド、スイスの国連、パラオ、そして、本書では紹介できなかったがベルギーにも取材に出かけた。一人の記者がこれだけ県外や海外を飛び回るのは、社として異例のことといえた。

私の「やりたい放題」の取材を、社長や編集局をはじめ、社を挙げて支援してもらえたのは、自己決定権行使を必要としている沖縄の現状が大きいと思う。取材・執筆に当たっては、その現状に少しでも一石を投じられればという気持ちを込めた。読者や取材先のアドバイスや指摘、提案のおかげで100回の連載と4回の特集、総括フォーラムをやり遂げることができた。

取材は実り多かった。その過程で、米国側の琉米条約の原本が米国立公文書館に、フランス側の琉仏条約の原本は、パリ東部に隣接するヴァンセヌ市の海軍公文書館に保管されていることが判明したほか、琉米条約の原本は当時、6通あったことも明らかになった。琉仏条約の原本も当時3通あった。

現在、琉米条約原本は外務省の外交史料館が保管する1通、米国立公文書館に1通、琉仏条約原本は外交史料館に1通、フランスの海軍公文書館で1通が確認されている。

米国立公文書館からは、琉球新報の取材に対し、条約を締結したペリー提督が米海軍長官に宛てた手紙の内容から見て、米国に3通渡ったのは「間違いない」という回答を得た。ただ残り2通の所在は特定できていないという。

米側代表のペリー提督と琉球側の「総理官」は一八五四年7月11日、正本4通に調印し、双方2通ずつ受け取った。その翌日、米側の「翻訳官」がさらに2通の調印を要求した。交渉に当たった板良敷《いたらしき》里之子《さとのし》親雲上《ぺーちん》（後の牧志《まきし》朝忠《ちょうちゅう》）は最初の4通で了解してほしいと頼み込むが、米側は、原本がネズミの被害などで損壊するのを恐れ、「予備」としてプラス2通の調印を迫った。13日に2通に調印、双方1通ずつ持ち帰った。

琉仏条約については、琉球国はフランスのゲラン提督との間で3通調印し、2通は提督側、1通は琉球が受け取った。前述のようにフランス側では1通だけ確認できた。

琉蘭修好条約の締結交渉に関する史料は確認されていない。

（日刊）

ニュースや情報提供
098(865)5158
広告のお申し込み
(0120)415059
購読・配達の問い合わせ
(0120)395069
本社事業案内
098(865)5256
読者相談室
098(865)5656

琉球新報

THE RYUKYU SHIMPO

第37892号

2014年（平成26年）
7月11日金曜日
［旧6月15日・友引］

発行所 琉球新報社
〒900−8525那覇市天久905番地
電話 098(865)5111
©琉球新報社2014年

琉米修好条約 きょう締結160年

「琉球処分は国際法上不正」

日本政府が琉球王国を強制的に併合した1879年の「琉球処分」について、国際法研究者は10日までに、琉球国が米国など3カ国と結んだ修好条約を根拠に「国際法に照らして不正だ」との見解を示した。研究者は3条約締結の事実から「琉球は国際法上の主体であり、日本の一部ではなかった」と指摘。軍隊や警察が首里城を包囲し、「沖縄県設置」への同意を尚泰王に迫った政府の行為は、当時の慣習国際法が禁じた「国の代表者への強制」に当たるという。慣習法を成文化したウィーン条約法条約51条を基に、現在からさかのぼって主権＝自己決定権の保障を要求できるとの見方を示した。 （3、38面に関連、36、37面に特集）

外務省、否定せず

国際法を踏まえた研究者の見解に対し、外務省は「『琉球処分』の意味するところについては、さまざまな見解があり、確立した定義があるとは承知しておらず、外務省として確定的なことを述べるのは困難」との認識を示し、否定しなかった。琉球新報の質問に文書で答えた。

1854年7月の琉米修好条約締結から11日で160年になる。琉球は54年にフランス、59年にオランダとも同様の条約を結んだ。3条約を踏まえ、「琉球処分」は国際法に照らして「不正」とする見解は、沖縄で活発化している自己決定権をめぐる議論を後押しすることになりそうだ。

見解を示したのは、上村英明恵泉女学園大教授と、阿部浩己神奈川大教授（国際人権法学会理事長）。本紙の取材に答えた。

主権回復、今も追及可能

上村氏は「『琉球処分』はウィーン条約法条約51条に違反している」と指摘。併合によって主権を剥奪した後の沖縄への植民地支配、日米の地上戦で住民を巻き込んだ沖縄戦、米国統治、日本復帰後の米軍基地問題など、さまざまな人権侵害に対する責任も、51条を基に日米政府に追及できると強調した。

その上で、琉米修好条約の「友好」の趣旨に基づき「日本政府が不正に琉球を併合したことを黙認した責任を米国に問い、謝罪を求めたり、基地問題解決に向けた琉米委員会の設置を要求したりすることもできる」とした。

実際、ハワイの先住民族はハワイ王国が欧米諸国と結んだ条約などを根拠に米合衆国が1893年に王国を併合した国際法違反の責任を追及、米国議会と当時のクリントン大統領が100年後の1993年に謝罪した例がある。

阿部氏は「日本は国際法上、合法的根拠がないまま琉球を不正に併合した可能性もある」と指摘した。 （新垣毅）

道標《しるべ》
主権を問う

用語 ウィーン条約法条約　条約に関する慣習国際法を法典化した一般条約。1969年に国連で採択し、80年に発効。日本は81年に加入した。同条約51条は「国の代表者への脅迫や強制行為の結果、結ばれた条約（合意）」は無効と規定している。この規定は武力によって強制された琉球併合の時点で国際慣習法として成立しており、現代からさかのぼって適用可能とされている。韓国やハワイの併合条約も、首都や王宮が軍隊に包囲された中での合意のため、同条約に照らして無効と指摘されている。

首里城の正門「歓会門」前に並ぶ明治政府軍の兵士（石黒敬章氏提供）

琉米修好条約の締結から満 160 年を伝える琉球新報

そのほか、海外の取材でも得るものが多かった。取材を続けながら率直に感じたのは、「沖縄は独立を正当化できる歴史的要件や現状、経済的自立の可能性を十分持っている」ということだ。人口約2万人しかない島国・パラオが、大国アメリカから独立を勝ち取ったのは、スコットランドの独立運動もそうだが、市民による粘り強い草の根運動の力が大きかったからだ。パラオは、何度も挫折を味わいながら、アイデンティティーの基盤を再構築し、国際世論に訴える運動を継続して、ついにその成果を得たのだった。

本書では紹介できなかったが、ドイツ、フランスという大国の狭間《はざま》で何度も占領されて、多くの犠牲を出した小国ベルギーも含め、これら地域の人々は、沖縄の現状と歴史を説明すると、すぐに共感し沖縄の「痛み」に共鳴してくれた。そのことが、強く印象に残った。

歴史の取材では、西里喜行《にしざときこう》琉球大学名誉教授に〝ご意見番〟になっていただいた。それがなければ、鮮明に描写することはできなかった。また、歴史家の栗野慎一郎氏の的確なアドバイスも取材の成果を引き出す上で非常に大きかった。島袋《しまぶくろ》純琉球大学教授は、スコットランドの取材に同行していただき、独立住民投票の背景や深い歴史など、貴重な解説をいただいただけでなく、沖縄にとってそれがどのような意義があるのかを結びつけて、取材に応えていただいた。

紙幅の関係で名前を挙げることはできないが、現地でお世話になったコーディネーターや通訳の方々にも大変お世話になった。そして何よりも、連載中に激励の言葉をかけてくださった読者や取材先の関係者の方々に大いに励まされた。こうした方々に深く感謝します。

また大城立裕《たつひろ》先生はじめ、ご多忙の中インタビューに応じてくださったみなさまにも、心よりお礼を申し上げます。

なお、単行本にまとめて出版するにあたり、今回も高文研にお世話になった。琉球新報社はこれまでも『検証［地位協定］日米不平等の源流』『外務省機密文書　日米地位協定の考え方・増補版』（共に二〇〇四年）『琉球新報にみる沖縄の「論理」と「肝心《ちむぐくる》」』（二〇一四年）など、記事や論説をまとめて高文研から出版していただいている。琉球新報社も出版部門をもっているが、今回の本はとくに、本土で読んでいただくことを願い、全国流通のことを考えて、高文研に出版をゆだねることになった。

単行本化に際しては、高文研の山本邦彦さんと、また特別に同社前代表の梅田正己さんに、ひとかたならぬご尽力をいただいた。深く感謝申し上げます。

琉米条約から161年、そして県民の4人に1人を失った沖縄戦から70年、沖縄はいま最大の岐路に立っているといえる。この緊迫した状況の中で、本書が一本の「道標」となることを願ってやみません。

二〇一五年　4月　　　　新垣　毅

【第三刷への追記】

本書のもとになった連載「道標《しるべ》求めて」は、沖縄の自己決定権を問う一連のキャンペーン報道として、第15回（二〇一五年度）石橋湛山記念早稲田ジャーナリズム大賞　公共奉仕部門大賞を受賞しました。

琉球新報社
1893年9月15日に沖縄初の新聞として創刊。1940年、政府による戦時新聞統合で沖縄朝日新聞、沖縄日報と統合し「沖縄新報」設立。戦後、米国統治下での「ウルマ新報」「うるま新報」をへて、1951年のサンフランシスコ講和条約締結を機に題号を「琉球新報」に復題。現在に至る。
各種のスクープ、キャンペーン報道で、日本新聞協会賞、日本ジャーナリスト会議（JCJ）賞、日本農業ジャーナリスト賞、石橋湛山記念早稲田ジャーナリズム大賞、新聞労連ジャーナリスト大賞など多数の受賞記事を生んでいる。

新垣　毅（あらかき・つよし）
1971年、沖縄県那覇市に生まれる。琉球大学卒、法政大学大学院修士課程修了（社会学）。1998年、琉球新報社入社。中部支社報道部、沖縄県議会・政治担当、社会部遊軍キャップ、編集委員、社会部デスク、文化部記者兼編集委員などをへて、2016年4月から東京支社報道部長を務める。

沖縄の自己決定権
――その歴史的根拠と近未来の展望

●二〇一五年 六 月一五日――――第一刷発行
●二〇一七年 四 月一五日――――第四刷発行

編著者／**琉球新報社・新垣　毅**

発行所／株式会社 **高文研**
東京都千代田区猿楽町二―一―八
三恵ビル（〒一〇一―〇〇六四）
電話03＝3295＝3415
http://www.koubunken.co.jp

印刷・製本／シナノ印刷株式会社

ISBN978-4-87498-569-4　C0036

◇沖縄の歴史と真実を伝える◇

●各書名の上の番号はＩＳＢＮ９７８-４-８７４９８の次に各番号をつけると、その本のＩＳＢＮコードになります。

544-1
琉球新報が伝える
沖縄の「論理」と「肝心」
琉球新報社論説委員会著　1、200円
沖縄戦から69年、「復帰」から42年。だが「本土」との距離は縮まらない。沖縄は今どんな「思い」で、何を「主張」しているのか、改めて、ここに伝える。

483-3
新崎盛暉が説く
構造的沖縄差別
新崎盛暉著　1、300円
構造的沖縄差別がどのように作られてきたのかを、米軍基地と沖縄県民の闘いの歴史を通し、検証する。

498-7
普天間を封鎖した4日間
宮城康博・屋良朝博著　1、100円
沖縄中の〝怒り〟をよそに、沖縄に強行配備されたオスプレイ。直前の2012年9月末、普天間基地のゲートは、市民による座り込みで「封鎖」された。

556-4
追跡・沖縄の枯れ葉剤
ジョン・ミッチェル著　1、800円
米軍がひた隠す〝枯れ葉剤=エージェント・オレンジ〟をヴェトナム・アメリカ・沖縄を舞台に追ったジャーナリスト、渾身の調査報道の全容！

334-8
検証［地位協定］
日米不平等の源流
琉球新報社地位協定取材班著　1、800円
機密文書から在日米軍の実態を検証、外務省の「対米従属」の源流を追及。

335-5
外務省機密文書
日米地位協定の考え方 増補版
琉球新報社編　3、000円
日本政府の対米姿勢をあますところなく伝える、「秘・無期限」の機密文書の全文。

436-9
沖縄の海兵隊はグアムへ行く
●米軍のグアム統合計画
吉田健正著　1、200円
グアムをアジアの新たな軍事拠点とする米軍の計画に日本の政治とメディアは？

373-7
シマが揺れる
◆沖縄・海辺のムラの物語
文・浦島悦子／写真・石川真生　1、800円
海辺のムラに海上基地建設の話が持ち上がり、怒りと諦めで揺れる人々を追う。

356-0
沖縄は基地を拒絶する
●沖縄人33人のプロテスト
高文研編　1、500円
日米政府が決めた新たな海兵隊航空基地の建設。沖縄は国内軍事植民地なのか?!

240-2
沖縄一中　鉄血勤皇隊の記録(上)
兼城　一編著　2、500円
14～17歳の〝中学生兵士〟たち「鉄血勤皇隊」が体験した沖縄戦の実相。

351-5
沖縄一中　鉄血勤皇隊の記録(下)
兼城　一編著　2、500円
〝鉄の暴風〟下の戦闘参加、戦場彷徨、捕虜収容後のハワイ送りまでを描く。

178-8
これが沖縄の米軍だ
石川真生・國吉和夫・長元朝浩著
2、000円
基地・沖縄の厳しく複雑な現実と沖縄の米軍を追い続けたカメラとペンの記録。

449-9
米軍政下の沖縄
アメリカ世《ゆー》の記憶
森口豁著　1、600円
日本が高度経済成長へ走り始めた頃、沖縄は米軍政下。その時代を写真で語る！

519-9
琉球の聖なる自然遺産
野生の鼓動を聴く
写真 山城博明・解説 花輪伸一　3、800円
沖縄の動植物、昆虫から風景まで、カラー写真200点でそのすばらしさを紹介！

◇アジアの歴史と現状を考える◇

●各書名の上の番号はＩＳＢＮ９７８－４－８７４９８の次に各番号をつけると、その本のＩＳＢＮコードになります。

369-0
第２版
■日本・中国・韓国＝共同編集
未来をひらく歴史
●東アジア３国の近現代史　１、６００円
３国の研究者・教師らが３年の共同作業を経て作り上げた史上初の先駆的歴史書。

539-7
法廷で裁かれる日本の戦争責任
瑞慶山　茂責任編集　６、０００円
戦後、日本の裁判所に提訴された戦争責任を巡る50件の裁判を解説、いま改めてこの国が負うべき戦争責任を検証する！

355-3
体験者27人が語る南京事件
笠原十九司著　２、２００円
南京近郊の村や市内の体験者を訪ね、被害の実相を聞き取った初めての証言集。

307-2
日本軍毒ガス作戦の村
●中国河北省・北坦村で起こったこと
石切山英彰著　２、５００円
日中戦争下、日本軍の毒ガス作戦により、千人の犠牲を出した「北坦事件」の真相。

549-6
「戦場体験」を受け継ぐということ
●ビルマルートの拉孟全滅戦の生存者を尋ね歩いて
遠藤美幸著　２、２００円
援蒋ルートの要衝・拉孟（らもう）を巡る、日本軍と中国軍の百日間にわたる激闘の記録。

342-3
イアンフとよばれた戦場の少女
川田文子著　１、９００円
日本軍に拉致され、人生を一変させられた性暴力被害者たちの人間像に迫る！

414-7
重慶爆撃とは何だったのか
●もうひとつの日中戦争
戦争と空爆問題研究会編　１、８００円
世界史史上、無差別戦略爆撃を始めた日本軍の「空からのテロ」の本質を明らかにする。

409-3
平頂山事件とは何だったのか
平頂山事件訴訟弁護団編　１、４００円
１９３２年９月、突如日本軍により三千人余が虐殺された平頂山事件の全貌。

196-2
日本統治下 台湾の「皇民化」教育
林　景明著　１、８００円
日本の植民地下の台湾――　個人の体験を通じ、「皇民化」教育の実態を伝える。

386-7
シンガポール華僑粛清
●日本軍はシンガポールで何をしたのか
林　博史著　２、０００円
日本軍による″大虐殺″の全貌を、日英の資料を駆使して明らかにした労作！

559-5
日中歴史和解への道
●戦後補償裁判からみた「中国人強制連行・強制労働事件」
松岡　肇著　１、５００円
全ての裁判で事実が認定された戦争犯罪の責任を認め、補償の道すじを説く！

429-1
キーワード30で読む 中国の現代史
田村宏嗣著　１、６００円
三国志の時代にも劣らぬ波乱・激動の現代中国を、30個のキーワードで案内する。

247-1
中国をどう見るか
◆21世紀の日中関係と米中関係を考える
浅井基文著　１、６００円
外務省中国課長も務めた著者が、日本の取るべき道を渾身の力を込めて説く！

396-6
日中の経済関係はこう変わった
関山　健著　１、７００円
新段階に入った日中経済関係の背景を分析、ポスト円借款時代の関係を展望する。

480-2
中学校歴史・公民 育鵬社教科書をどう読むか
子どもと教科書全国ネット21編　１、８００円
育鵬社版歴史・公民の教科書に書かれていること、書かれていないことを検証する！

◇沖縄の歴史と真実を伝える◇

●各書名の上の番号はISBN978-4-87498の次に各番号をつけると、その本のISBNコードになります。

404-8
観光コースでない 沖縄 第四版
新崎盛暉・謝花直美・松元剛他著 1,900円
「見てほしい沖縄」「知ってほしい沖縄」の歴史と現在を第一線の記者と研究者が案内する。

529-6
新・沖縄修学旅行
梅田正己・松元剛・目崎茂和著 1,300円
沖縄戦を、基地の島の現実を、また沖縄独特の歴史・自然・文化を豊富な写真で解説。

372-0
修学旅行のための沖縄案内
目崎茂和・大城将保著 1,100円
亜熱帯の自然と独自の歴史・文化を持つ沖縄を、元県立博物館長と地理学者が案内する。

543-4
大田昌秀が説く 沖縄戦の深層
大田昌秀著 1,600円
沖縄戦の惨禍から九死に一生を得た著者が、沖縄を再び戦場にしてはならないと訴える！

551-9
決定版 写真記録 沖縄戦
大田昌秀編著 1,700円
沖縄戦体験者、研究者、元沖縄県知事が、沖縄戦の全容と実相を解明するビジュアル版！

160-3
ひめゆりの少女 ●十六歳の戦場
宮城喜久子著 1,400円
沖縄戦〝鉄の暴風〟の下の三カ月、生と死の境で書き続けた「日記」をもとに伝えるひめゆり学徒隊の真実。

155-9
沖縄戦 ある母の記録
安里要江・大城将保著 1,500円
県民の四人に一人が死んだ沖縄戦。人々はいかに生き、かつ死んでいったか。初めて公刊される一住民の克明な体験記録。

389-8
沖縄戦の真実と歪曲
大城将保著 1,800円
教科書検定はなぜ「集団自決」記述を歪めるのか。住民が体験した沖縄戦の「真実」を、沖縄戦研究者が徹底検証する。

097-2
改訂版 沖縄戦
●民衆の眼でとらえる「戦争」
大城将保著 1,200円
「集団自決」、住民虐殺を生み、県民の四人に一人が死んだ沖縄戦とは何だったのか。最新の研究成果の上に描き出した全体像。

492-5
沖縄戦「集団自決」消せない傷痕
山城博明／写真 宮城晴美／解説 1,600円
カメラから隠し続けた傷痕を初めて撮影、惨劇の現場や海底の砲弾などを含め沖縄の写真家が伝える、決定版写真証言！

413-0
写真証言 沖縄戦「集団自決」を生きる
森住卓／写真・文 1,400円
極限の惨劇「集団自決」を体験した人たちをたずね、その貴重な証言を風貌・表情とともに伝える！

394-2
新版 母の遺したもの
沖縄・座間味島「集団自決」の新しい事実
宮城晴美著 2,000円
「真実」を秘めたまま母が他界して10年。いま娘は、母に託された「真実」を、「集団自決」の実相とともに明らかにする。

161-0
「集団自決」を心に刻んで
●一沖縄キリスト者の絶望からの精神史
金城重明著 1,800円
沖縄戦〝極限の悲劇〟「集団自決」から生き残った十六歳の少年の再生への心の軌跡。